CONTEMPORARY ARCHITECTURE

ZEITGENÖSSISCHE ARCHITEKTUR
ARCHITECTURE CONTEMPORAINE
HEDENDAAGSE ARCHITECTUUR

Edited by Macarena San Martín

Art director:
Mireia Casanovas Soley

Editorial coordination:
Simone Schleifer

Project coordination:
Macarena San Martín

Texts:
Esther Moreno

Layout:
Anabel Naranjo

Translations: Andrea Farthofer (German), Mary Cecelia Black (English), Claire Debard (French),
Marleen Vanbroeker (Dutch)
Multilingual management: LocTeam, Barcelona

Editorial project:
2008 © LOFT Publications | Via Laietana, 32, 4.°, Of. 92 | 08003 Barcelona, Spain
Tel.: +34 932 688 088 Fax: +34 932 687 073 | loft@loftpublications.com | www.loftpublications.com

ISBN 978-84-96936-25-6   Printed in China   Cover photo: © Andy Ryan
Back cover photo: © Pep Escoda

CONTEMPORARY ARCHITECTURE

ZEITGENÖSSISCHE ARCHITEKTUR
ARCHITECTURE CONTEMPORAINE
HEDENDAAGSE ARCHITECTUUR

Edited by Macarena San Martín

KOLON

„Die Architektur ist das eigentliche Buch der Menschheit."

Victor Hugo. Französischer Schriftsteller

"Architecture is humanity's great book."

Victor Hugo. French novelist

« L'architecture est le grand livre de l'humanité. »

Victor Hugo

"Architectuur is het grote boek van de mensheid"

Victor Hugo. Franse schrijver

Mit dem neuen Terminal am Madrider
Flughafen Barajas sollte das neue Gateway
in das südliche Europa geschaffen werden.
Es vereint Funktionalität, Ästhetik und die
Interaktion mit seiner natürlichen
Umgebung. Die markantesten Merkmale
dieses umweltfreundlichen Flughafens
sind dabei die Auswahl der verwendeten
Materialien und der Einsatz von
natürlichem Licht.

The design for the new terminal at
Madrid's Barajas airport was created with
the intention of turning it into the new
gateway to southern Europe. It brings
together concepts like functionality,
aesthetics and interaction with its natural
setting. The main achievements in the
design of this environmentally-friendly
airport lay in the choice of materials
used and the use of natural light.

MADRID BARAJAS AIRPORT

Estudio Lamela Arquitectos, Richard Rogers Partnership

Madrid, Spain

1,200,000 m²/ 12,916,692.50 square feet

Le nouveau terminal de l'aéroport madrilène de Barajas a été conçu comme la nouvelle porte d'entrée vers l'Europe du Sud. Son plan associe des concepts tels que fonctionnalité, esthétique et interaction avec le décor naturel. La grande réussite de cet aéroport écologique réside dans le choix des matériaux utilisés et l'exploitation de la lumière naturelle.

Bij het ontwerp van de nieuwe terminal van Barajas, de luchthaven van Madrid, was de opzet een nieuwe toegangspoort tot Zuid-Europa te creëren. Concepten als functionaliteit, esthetiek en interactie met de natuurlijke omgeving verenigd. De grootste troeven van het ontwerp van deze milieuvriendelijke luchthaven zijn de materiaalkeuze en het gebruik van daglicht.

South elevation

CAR PARK   FORECOURTS   CHECK-IN SPINE   PROCESSING SPINE   PIER

Longitudinal sections

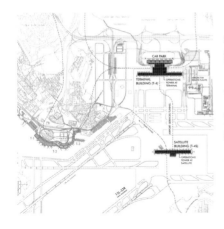

Location plan

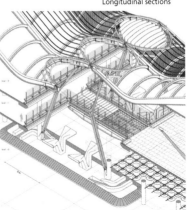

Structure detail

Dieses architektonische Konzept ist insofern einzigartig, als das Skelett des Gebäudes frei liegt. Jedes Modul besteht aus Betonträgern und Y-förmigen Pfeilern, die als Stützen dienen.

The uniqueness of this architectural design is that the building's skeleton is exposed. Each module is made up of concrete beams and Y-shaped pillars that serve as supports.

Ce qui rend cette réalisation architecturale unique, c'est le squelette visible du bâtiment. Chaque module est fait de poutres en béton et de piliers en Y qui portent l'ensemble.

Het unieke van dit architectonische ontwerp is dat het skelet van het gebouw zichtbaar is. Elke module bestaat uit betonnen balken en Y-vormige pilaren die als steunen dienst doen.

Diese beeindruckende Brücke in Rijeka ist ein Tribut an die kroatischen Soldaten, die in den 1990er Jahren im Balkankrieg kämpften. Durch ihr Design erfüllt die Brücke ihren Zweck als Übergang und Verbindung zwischen beiden Flussufern, veränderte aber als architektonisches Wahrzeichen auch das Stadtbild.

This monumental bridge located in the city of Rijeka pays tribute to the Croatian soldiers who fought in the Balkans War in the 1990s. The design meets the needs of this bridge as a place of transit and union between both shores of the river, while it has also become an architectural feature transforming the city's landscape.

MEMORIAL PEDESTRIAN BRIDGE

Studio 3LHD

Rijeka, Croatia
47 m²/ 506 square feet

Ce pont monumental situé dans la ville croate de Rijeka rend hommage aux soldats croates qui y ont combattu pendant la guerre des Balkans, dans les années 1990. Sa conception répond au besoin de faire de ce pont un lieu de passage et d'union entre les deux rives, et son architecture caractéristique a transformé le paysage urbain dont il est devenu un emblème.

Deze monumentale brug in de stad Rijeka is een huldebetuiging aan de Kroatische soldaten die deelnamen aan de Balkanoorlog in de jaren '90. Het ontwerp voldoet aan de vereisten voor deze brug als oversteekplaats en verbindingselement tussen de twee oevers van de rivier, terwijl het ook een architecturaal referentiepunt is geworden dat de skyline van de stad heeft veranderd.

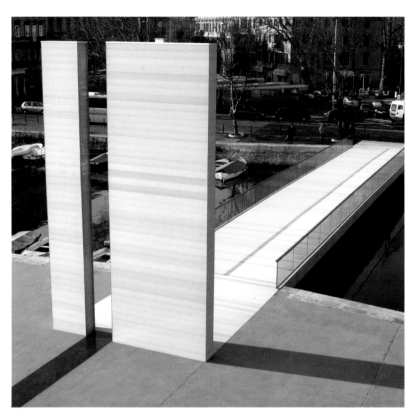

Construction system diagram

Am Ufer des Flusses wurden senkrechte Wände, die das Gewicht der Brücke tragen, errichtet. Der Großteil der Brücke ist aus Stahl gefertigt.

Vertical walls to bear the weight of the main beam were built on the banks of the river. The main material used of which much of the bridge is made is steel.

Des murs verticaux ont été érigés sur les berges de la rivière pour supporter le poids de la poutre principale. Le principal matériau de construction du pont est l'acier.

Verticale wanden werden op beide oevers van de rivier opgetrokken om het gewicht van de hoofdbalk te dragen. Staal is het materiaal waaruit het grootste deel van de brug gemaakt is.

Die Bahnsteige für die Stadtbahnlinie D-Süd in Hannover sollten die Menschenmassen aufnehmen können, die anlässlich der Weltausstellung 2000 in der Stadt erwartet wurden. So entstand eine Reihe von Wartehäuschen mit unterschiedlicher Außengestaltung zur Unterscheidung der Haltestellen. Die Materialien sind der Umgebung angepasst.

The platforms for the D-Süd urban train line in Hanover were built to handle the influx of people to the city for the 2000 Universal Exposition. The result was the design of a series of shelters with a variety of external finishes that would distinguish the stops. The materials match the characteristics of the setting.

D-LINE TRAIN STATIONS

Despang Architekten

Hanover, Germany
210 m² each / 2,260 square feet

Les quais de la ligne urbaine D-Süd de Hanovre ont été conçus pour gérer le flux des visiteurs de l'Exposition universelle de 2000. Le résultat est un ensemble d'abris dont les différentes finitions externes permettent de distinguer chaque arrêt. Les matériaux utilisés sont adaptés à chaque décor.

De perrons voor de D-Süd-stadstram in Hannover zijn gebouwd om een enorme toestroom van bezoekers aan de stad te verwerken ter gelegenheid van de Wereldtentoonstelling van 2000. Het resultaat was het ontwerp van een reeks abri's met verschillende afwerkingen die de haltes markeren. De materialen zijn afgestemd op de eigenschappen van de bestaande omgeving.

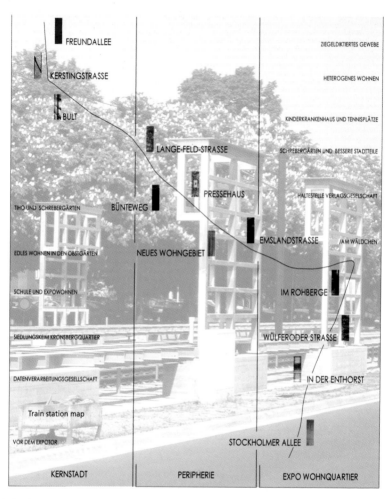

FREUNDALLEE

KERSTINGSTRASSE

BULT

LANGE-FELD-STRASSE

PRESSEHAUS

BÜNTEWEG

TIHO UND SCHREBERGÄRTEN

EDLES WOHNEN IN DEN OBSTGÄRTEN

NEUES WOHNGEBIET

EMSLANDSTRASSE

SCHULE UND EXPOWOHNEN

IM ROHBERGE

SIEDLUNGSKEIM KRONSBERGQUARTIER

WÜLFERODER STRASSE

DATENVERARBEITUNGSGESELLSCHAFT

IN DER ENTHORST

Train station map

VOR DEM EXPOTOR

STOCKHOLMER ALLEE

ZIEGELDIKTIERTES GEWEBE

HETEROGENES WOHNEN

KINDERKRANKENHAUS UND TENNISPLÄTZE

SCHREBERGÄRTEN UND BESSERE STADTTEILE

HALTESTELLE VERLAGSGESELLSCHAFT

/AM WÄLDCHEN

| KERNSTADT | PERIPHERIE | EXPO WOHNQUARTIER |

Die für den Bau der Stationen verwendeten Materialien entsprachen dem Wunsch, die städtische Architektur in die Umgebung zu integrieren. Die Bauweise der Wartehäuschen erfüllt die funktionalen Anforderungen.

Le choix des matériaux de construction utilisés exprime le désir d'intégrer l'architecture urbaine au décor environnant. La structure des abris répond à des besoins plus fonctionnels.

The choice of materials to build the stations dovetailed with the desire to integrate the urban architecture into its surroundings. The structures of the shelters meet the functional needs.

De keuze van de materialen voor de bouw van de opstapplaatsen voldeed aan de wens om de stadsarchitectuur in de omgeving te integreren. De structuur van de abri's voldoet aan de functionele vereisten.

30

Dieses Landschaftsbauwerk ist Teil des Lakefront Millennium Park im historischen Bezirk von Chicago. Es befindet sich inmitten emblematischer Gebäude und besteht aus einer Reihe eigenständiger Bereiche. Einer der wichtigsten ist „The Shoulder Edge", ein botanischer Garten voller Symbole und didaktischer Informationen, der sich zu einem der beliebtesten Orte der Stadt entwickelt hat.

This landscape construction is part of the Lakefront Millennium Park located in Chicago's historic district. Located amidst emblematic buildings, it is made up of a number of distinct zones, one of the most prominent being The Shoulder Edge, a botanical garden brimming with symbols and educational features, which has become one of the most popular sites in the city.

LURIE "SHOULDER" GARDEN

Gustafson Guthrie Nichol

Chicago, USA
12,643 m²/ 136,088 square feet

Ce projet paysager fait partie du parc Lakefront Millennium situé dans le quartier historique de Chicago. Inséré entre divers bâtiments emblématiques de la ville, il est composé de plusieurs zones dont la plus célèbre est le Shoulder Edge, un jardin botanique aux multiples symboles et sites éducatifs qui est devenu l'un des endroits les plus populaires de la ville.

Dit landschapsontwerp maakt deel uit van het Lakefront Millennium Park in het historische centrum van Chicago. Het is omringd door emblematische gebouwen en bestaat uit een reeks verschillende zones, waarvan een van de meest prominente de Shoulder Edge is, een botanische tuin met symbolen en educatieve elementen, die een van de meest populare plekken in de stad is geworden.

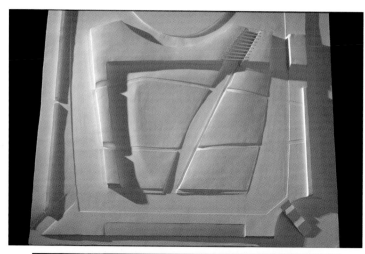

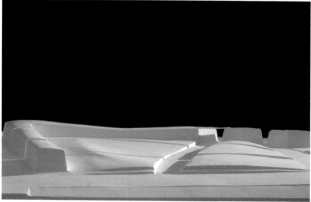

Models

Die Beleuchtung ist eines der Hauptmerkmale in diesem Garten. Bei Nacht sorgt diese für eine raffinierte Lichtkomposition, die eine magische und theaterähnliche Atmosphäre schafft.

The illumination is one of the key features in this garden. At night, the various lights transform the garden into a subtle container of light, creating a magical, theatrical atmosphere.

L'éclairage est l'une des principales attractions du jardin. La nuit, les jeux de lumière le transforment en un ingénieux réceptacle de lumière, créant une atmosphère théâtrale absolument magique.

De verlichting is een van de hoofdkenmerken van deze tuin. Dankzij de verlichting wordt de tuin 's nachts omgetoverd in een subtiel verlicht toneel waarbij een magische en theatrale sfeer gecreëerd wordt.

Der Architekturkomplex „Federation Square" wurde als neues gesellschaftliches, politisches und kulturelles Zentrum geplant. Es befindet sich im Herzen der Stadt und wird für unterschiedliche Aktivitäten genutzt, während gleichzeitig der formelle und optische Zusammenhalt gewahrt bleibt. Dieser Raum wurde zu einem zentralen Ort des menschlichen und kulturellen Miteinanders.

The Federation Square architectural complex was envisioned as a new social, political and cultural hub. It is located in the heart of the city, the architects designed a complex of buildings used for different activities while maintaining formal and visual cohesion. This space has become a key site for civil and cultural coexistence.

FEDERATION SQUARE

LAB Architecture Studio

Melbourne, Australia
44,000 m² / 473,612 square feet

Situé au cœur de la cité, ce complexe architectural a été pensé comme un nouveau centre de vie sociale, politique et culturelle. Les architectes l'ont conçu comme un ensemble de bâtiments aux fonctions diverses tout en maintenant une cohésion visuelle et formelle. L'endroit est aujourd'hui un espace clé de la vie civile et culturelle.

Het architectonische hoogstandje van Federation Square was gepland als een nieuw sociaal, politiek en cultureel centrum. Het ontwerp van het complex, dat gelegen is in het stadscentrum, bestaat uit verscheidene verwante visueel qua vormentaal gebouwen voor uiteenlopende activiteiten. Het complex is hét centrum geworden waar maatschappelijke en culturele elementen samenkomen.

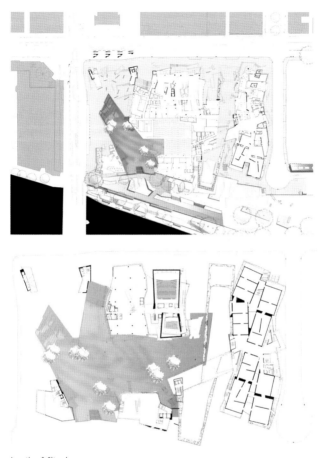

Location & Site plans

Die Architekten waren um einen optischen Zusammenhalt zwischen den Gebäuden bemüht. Für die Fassaden wurden primär Formen wie Rechtecke und Dreiecke verwendet, während im Komplex Glas und Zink dominieren.

The architects sought visual coherence between the buildings. The shapes most often used on the façades were rectangles and triangles, while glass and zinc are the main materials in the complex.

Les architectes ont voulu établir une cohérence visuelle entre les bâtiments dont les façades privilégient les formes rectangulaires et triangulaires. Les matériaux prépondérants sont le verre et le zinc.

De architecten wilden een visuele coherentie tussen de verschillende gebouwen scheppen. De meest gebruikte figuren in de gevels zijn rechthoeken en driehoeken, terwijl zink en glas de hoofdmaterialen zijn in het complex.

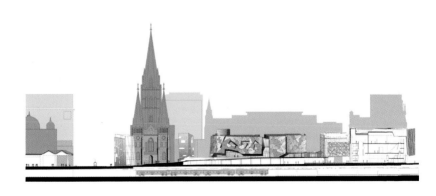

Front and side elevations

Dieses Gebäude, das alle Erwartungen übertraf, wurde zu einem Fixpunkt für die Einwohner der Stadt und entwickelte sich sogar zu einer der beliebtesten Touristenattraktionen in Australien.

Surpassing all expectations, this site has become a benchmark for the inhabitants of the city and has even become one of the most popular tourist destinations in Australia.

Contre toute attente, le site est devenu un endroit de référence pour les habitants de la ville et même l'une des destinations touristiques les plus populaires d'Australie.

Boven alle verwachtingen is dit plein nu een referentiepunt voor de inwoners van de stad en is het zelfs een van de meest populaire toeristische bestemmingen in Australië geworden.

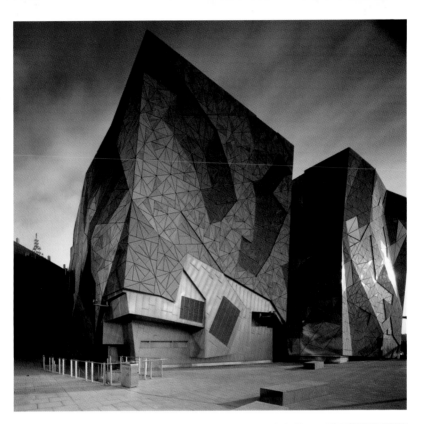

Dieses Denkmal zieht den Betrachter in einen Raum, der die extreme Gefahr für die Australian Emergency Services symbolisiert. Die Architekten entschieden sich für eine 23 Meter lange Zickzack-Wand aus drei Betonwänden, an denen eine Vielzahl von Wörtern und Bildern dieser Einsatzkräfte gedenken.

This monument immerses the viewer in a space that symbolises the extreme dangers faced by the Australian Emergency Services. The solution chosen by the architects was a 23-metre long zigzagging wall consisting of three concrete walls on which an array of words and images remember and honour these workers.

NATIONAL EMERGENCY SERVICES MEMORIAL

ASPECT Landscape Architecture & Urban Design

Canberra, Australia
500 m² / 5,382 square feet

Ce monument fait plonger le spectateur dans un espace qui symbolise les dangers extrêmes auxquels sont confrontés les services d'urgence australiens. Les architectes ont choisi pour cela de construire un mur en zigzag long de 23 mètres, composé de trois parois en béton sur lesquelles une série de mots et d'images rappellent le travail de ces hommes et leur rendent hommage.

Dit monument dompelt de toeschouwer onder in een ruimte die de extreme gevaren symboliseert die de Australische hulpverleningsdiensten trotseren. De oplossing die door de architecten gekozen werd, is een 23 meter lange zigzaggende wand, bestaande uit drie betonnen muren waarop een reeks woorden en afbeeldingen zijn aangebracht als herinnering en eerbetuiging aan deze hulpverleners.

Für die Wand- und Friesgestaltung kamen innovative Techniken zum Einsatz, wodurch ein größeres Denkmal geschaffen werden konnte, als mit herkömmlichen Methoden möglich gewesen wäre.

To design both the wall and the frieze, innovative techniques were used that allowed a larger monument to be built than traditional methods would have permitted.

Pour le mur et la frise, des techniques innovantes ont été utilisées pour construire un monument plus grand que ne le permettaient les méthodes traditionnelles.

Voor de uitvoering van zowel de muur als de fries werden innovatieve technieken toegepast, waardoor men een groter monument kon bouwen dan met de meer traditionele methoden mogelijk was geweest.

In den 1990er Jahren landeten immer
mehr Passagiere am einzigen Terminal des
Flughafens Köln-Bonn, was dazu führte,
dass die zum Zeitpunkt des Baus erwartete
Kapazität zunehmend überschritten
wurde. Mit Plänen für den Ausbau des
alten Terminals wurde dieses Problem
gelöst. Die Schlüsselelemente bei
diesem Projekt waren Komfort
und Innenbeleuchtung.

During the 1990s the number of
passengers landing at the sole terminal
in the Cologne-Bonn airport had exceeded
the capacity forecast when it was built.
The plans to expand the old terminal
were a response to this problem. The
key elements in the design were
comfort and indoor light.

COLOGNE-BONN AIRPORT

Murphy/Jahn & Heinle, Wischer und Partner

Cologne-Bonn, Germany
69,000 m² / 742,710 square feet

Au cours des années 1990, le flux de passagers arrivant à l'unique terminal de l'aéroport de Cologne-Bonn a dépassé les prévisions d'origine. Le projet d'agrandissement de l'ancien terminal est né de ce problème. Le confort et l'éclairage intérieur constituent les éléments clés du projet.

In de jaren negentig heeft het aantal reizigers dat aankwam in de enige terminal van Keulen-Bonn de capaciteit overschreden die voorzien was toen deze luchthaven gebouwd werd. Als antwoord op dit probleem ontstonden de plannen om de oudere terminal groter te maken. De belangrijkste elementen van het ontwerp waren het comfort en de binnenverlichting.

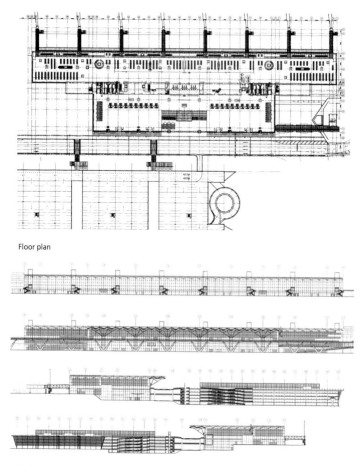

Floor plan

Sections

Die Verwendung von Glas an der Fassade und an der Decke sorgt dafür, dass natürliches Licht in das Innere fällt. So sorgt dieses Material für Helligkeit und hilft, Energie zu sparen.

The use of glass on both the façade and the ceiling allows natural light to reach inside. This material furnishes a sense of brightness and also helps save energy.

Le choix du verre pour la façade et le plafond, qui permet à la lumière naturelle de pénétrer à l'intérieur des bâtiments, donne une impression de luminosité et contribue à réaliser des économies d'énergie.

Dankzij het gebruik van glas, zowel voor de gevel als voor het dak, kan het daglicht naar binnen schijnen. Dit materiaal geeft een gevoel van helderheid en helpt ook energie te besparen.

51

Dieses Denkmal ist nicht nur ein Tribut an alle Iren, die zwischen 1845 und 1852 unter den katastrophalen Folgen der durch die Kartoffelfäule ausgelösten Hungersnot litten, sondern soll auch auf den heutigen Hunger in aller Welt hinweisen. Der Entwurf basierte auf einem Weg, für den typisch irische Materialien und andere Elemente zum Einsatz kamen, die den Niedergang des Zeitalters symbolisierten.

In addition to serving as a tribute to all the Irish people who suffered the disastrous consequences of the potato famine between 1845 and 1852, this monument was also envisioned to raise society's awareness of famine in the world today. The design was based on a route in which typically Irish materials and other elements were used, symbolising the decline of the age.

IRISH HUNGER MEMORIAL

1100 Architect

Manhattan, New York, USA
1,516 m^2 / 16,318 square feet

Créé pour rendre hommage aux Irlandais victimes des terribles conséquences de la famine entre 1845 et 1852, ce monument a aussi été conçu pour sensibiliser le public à la famine dans le monde aujourd'hui. Le concept repose sur une route symbolisant le déclin d'une époque, pour laquelle des éléments typiquement irlandais ont été utilisés.

Dit monument dient niet alleen als eerbetoon aan alle Ieren die de vreselijke aardappelhongersnood tussen 1845 en 1852 hebben doorgemaakt, maar ook om de maatschappij te herinneren aan de honger in de wereld van vandaag de dag. Het ontwerp is gebaseerd op een weg waarvoor typische Ierse materialen en andere elementen werden gebruikt, en symboliseert het verval van de eeuw

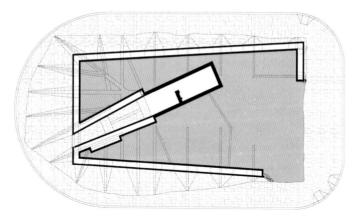

Ground floor

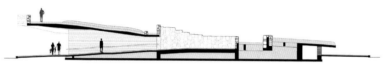

Longitudinal section

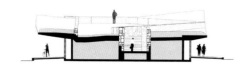

Cross section

Dieses Bauwerk repräsentiert die typische irische Landschaft der damaligen Zeit und weist einen starken Kontrast zwischen seinem ländlichen Erscheinungsbild und der urbanen, zeitgenössischen Umgebung auf.

Le site représente un paysage irlandais typique de l'époque dont le caractère rural contraste fortement avec le décor urbain actuel tel qu'on le retrouve dans toutes les grandes villes.

This site represents the characteristic Irish landscape of the time and features a stark contrast between its rural appearance and its urban and contemporary setting, common to all large cities.

Deze plaats stelt het karakteristieke Ierse landschap van destijds voor en vertoont een sterk contrast tussen het plattelandsaspect ervan en de moderne stedelijke omgeving die alle grote steden gemeen hebben.

Die Urbanisierung des White River auf seinem Weg durch Indianapolis hat diesen Bereich verändert. Die Architekten entwarfen eine Reihe offener Räume, die die Promenade am Flussufer mit der Stadt verbinden. Dieser Entwurf entsprach der Forderung der Bewohner nach einem öffentlich nutzbaren Raum, während gleichzeitig ein ausgesprochen schöner Ort entstand.

The urbanisation of the White River as it wends its way through the U.S. city of Indianapolis transformed this space. The architects designed a series of open spaces that connect the promenade on the banks of the river with the city. This design resolved the problem of the residents' calls for an area open for public use while simultaneously creating a spot of outstanding beauty.

CENTRAL INDIANAPOLIS WATERFRONT CAPITAL CITY LANDING

Sasaki Associates

Indianapolis, United States

L'urbanisation de la rivière White, qui suit son cours à travers la cité d'Indianapolis, a transformé cet endroit. Les architectes ont imaginé une série d'espaces ouverts qui relient la promenade sur les berges à la ville. L'ensemble répond aux vœux des résidents qui souhaitaient un espace ouvert au public tout en créant un lieu d'une remarquable beauté.

De stedelijke inrichting van White River in het Amerikaanse Indianapolis heeft deze ruimte getransformeerd. De architecten ontwierpen een reeks open ruimten die de promenade op de rivieroevers met de stad verbinden. Dit ontwerp voldoet aan de behoefte van de inwoners aan een publiek toegankelijke ruimte terwijl het tegelijkertijd een opmerkelijk fraaie omgeving creëert.

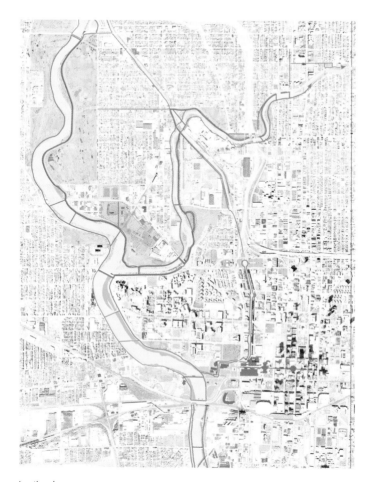

Location plan

Der Entwurf sollte die Trennung von Fluss und Stadt, die ein Ergebnis die riesigen Deiche und Wände ist, verringern. Dazu wurden Promenaden auf beiden Seiten errichtet.

The design consisted of minimising the sense of separation between the river and the city created by the enormous dykes and walls. To accomplish this, promenades were built on either side.

L'idée était de réduire le plus possible la séparation créée par les énormes digues et murs entre la rivière et la ville. Pour cela, des promenades ont été aménagées des deux côtés.

Het ontwerp had als doel de scheiding te minimaliseren tussen de rivier en de stad, die werd veroorzaakt door de enorme dijken en muren. Daartoe werden op beide oevers promenades aangelegd.

Neben der Urbanisierung des Bereichs trug der Entwurf für diesen neuen öffentlichen Raum zur Entwicklung und steigenden Bedeutung bestimmter Plätze, wie etwa der Celebration Plaza, bei.

In addition to urbanising the area, the design of this new public space contributed to the development and rising importance of certain particular spaces, such as Celebration Plaza.

Ce nouvel espace public a permis d'urbaniser la zone et a contribué au développement et à l'importance croissante de certains lieux tels que la Celebration Plaza.

Behalve aan de inrichting van de zone droeg het ontwerp van deze nieuwe openbare ruimte ook bij tot de groeiende belangrijkheid van bepaalde bijzondere plekken, zoals Celebration Plaza.

Der Mori Tower ist Teil eines monumentalen urbanen Komplexes. Er befindet sich in einem der wichtigsten Zentren der japanischen Hauptstadt und umfasst 58 Stockwerke für unterschiedliche Zwecke. Die Form des Turms erinnert sowohl an zeitgenössische als auch traditionelle japanische Bauwerke und wurde von Elementen, wie Origami und der Rüstung der alten Samurai inspiriert.

The Mori Tower is part of a monumental urban complex located in one of the main centres of the Japanese capital and consists of 58 floors used for a variety of purposes. The shape of the tower resembles both contemporary and traditional Japanese constructions and was inspired by elements like origami and the armour of the ancient samurai.

MORI TOWER

KPF – Kohn Pedersen Fox Associates

Tokyo, Japan
327,948 m² / 3,530,003 square feet

La tour Mori fait partie d'un complexe urbain monumental situé dans l'un des principaux centres de la capitale japonaise et comprend 58 étages aux fonctions diverses. Sa forme rappelle à la fois les constructions japonaises contemporaines et traditionnelles et s'inspire d'éléments tels que l'origami ou les armures des anciens samouraïs.

De Mori Tower is een onderdeel van een monumentaal stedelijk complex in een van de voornaamste centra van de Japanse hoofdstad en heeft 58 etages die voor diverse doeleinden gebruikt worden. De vorm van de toren lijkt op zowel eigentijdse als traditionele Japanse constructies en werd geïnspireerd door elementen zoals origami en het harnas van de samurai.

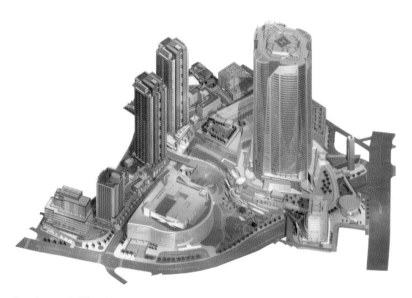

Computer generated 3D model

In den obersten Stockwerken befinden sich die
Bereiche für die Öffentlichkeit und Touristen.
Von hier können die Besucher aus 250 Metern
Seehöhe einen tollen Blick über die Stadt
genießen.

Les étages supérieurs sont ouverts au public et
aux touristes. Les visiteurs peuvent y admirer
une vue panoramique de la ville, à 250 mètres
au-dessus du niveau de la mer.

The top floors house the areas for the general
public and tourists, where visitors can enjoy
sweeping view of the city from 250 metres
above sea level.

Op de bovenste etages bevinden zich de ruimten
voor het algemene publiek en de toeristen, waar
de bezoekers van een adembenemend uitzicht
kunnen genieten op 250 meter boven het
zeeniveau.

Ground floor

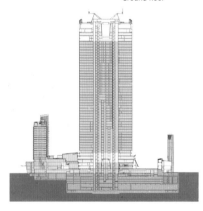

Section

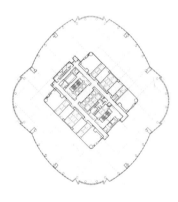

Typical floor

Die einzigartige Struktur des Mori Tower hat diesen zu einem architektonischen Symbol Tokios gemacht. Die Vertikalität des Gebäudes und die horizontale Basis stehen in starkem Kontrast zueinander.

La structure unique de la tour Mori en a fait un emblème architectural de la ville de Tokyo. Le contraste entre la verticalité du bâtiment et sa base horizontale crée un angle étonnant.

The unique structure of the Mori Tower has turned it into an architectural icon in Tokyo. The contrast between the verticality of the building and the horizontal base creates a marked angle.

Dankzij de unieke bouw van de Mori Tower is deze toren een architectonisch icoon van Tokio geworden. Het contrast tussen de verticale lijn van het gebouw en de horizontale basis ervan creëert een opvallende gezichtshoek.

Diese Schule wurde als Raum mit unterschiedlichen Sinneserfahrungen konzipiert; der Entwurf basiert auf der Interaktion zwischen Mensch und Umgebung. Die Verwendung von Holz für Tragwerk und Innenverkleidungen trug zu einer angenehmen, lärmgeschützten Atmosphäre bei. Die verwendeten technologischen Lösungen entsprechen den Belüftungs- und Beleuchtungsprinzipien.

Envisioned as a space with different sensory experiences, the concept of this school was based on interaction between users and the surroundings. The use of wood in the structure and the coverings inside helped create a pleasant atmosphere insulated from noise. The technological solutions applied were in line with ventilation and lighting principles.

SOLID WOOD SCHOOL FOR MENTALLY DISABLED CHILDREN

Despang Architekten

Berenbostel, Germany

Conçu comme un espace permettant différentes expériences sensorielles, le concept de l'école repose sur l'interaction entre ses utilisateurs et l'environnement. Le choix du bois pour la structure et les revêtements intérieurs contribue à créer une atmosphère agréable isolée du bruit. Les solutions techniques utilisées respectent les principes de ventilation et d'éclairage.

Het concept van deze school, die is opgevat als een ruimte met verschillende zintuiglijke ervaringen, is gebaseerd op de interactie tussen gebruikers en omgeving. Het gebruik van hout in de bouw en de bekleding van het interieur creëren een prettige sfeer met een goede geluidsisolatie. De toegepaste technologische oplossingen stroken met de ventilatie- en verlichtingsprincipes.

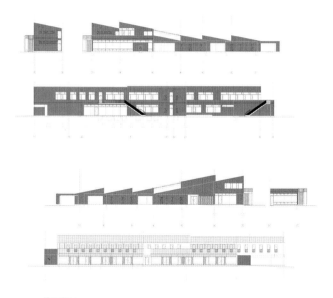

Elevations

Longitudinal section

Die offenen Räume, die für die verschiedenen Nutzungszwecke des Gebäudes konzipiert wurden, filtern und vereinen Einflüsse aus der umgebenden Natur und schaffen somit eine Einheit zwischen der Schule und der Landschaft.

Les espaces ouverts réservés à différents usages du bâtiment filtrent et combinent les influences de la nature environnante de manière à intégrer l'école au paysage.

The open spaces set aside for the different uses of the building filter and combine influences from the nature surrounding it, thus linking the school with the landscape.

De open ruimten die apart liggen voor de verschillende gebruiksfuncties van het gebouw filtreren en combineren de invloed van de omringende natuur en betrekken zo de school bij het landschap.

Dieses Museum im Herzen von Paris sollte Kunstwerke von nicht-westlichen und wenig bekannten Kulturen beherbergen. Die Grundidee bei diesem Projekt war der Respekt für die Umwelt; dementsprechend wurden umweltfreundliche Materialien für den Bau verwendet. Funktionalität und Integration in das urbane Umfeld waren bei diesem Projekt ausschlaggebend.

This museum, located in the heart of Paris, was created to showcase and preserve works of art from non-Western and little-known cultures. The conceptual underpinning of the design of this project was respect for the environment, and environmentally-friendly materials were used to build it. Its structure is based on functionality and integration into the urban setting.

MUSÉE DU QUAI BRANLY

Atelier Jean Nouvel

Paris, France
76,500 m² / 823,439 square feet

Situé au cœur de Paris, ce musée a été créé pour présenter et conserver des œuvres d'art de cultures non-occidentales et méconnues. Le concept du projet est basé sur le respect de l'environnement. Des matériaux écologiques ont été utilisés pour sa construction. La structure est inspirée par la fonctionnalité et l'intégration au cadre urbain.

Dit museum in hartje Parijs werd gebouwd om kunstwerken van niet-westerse en weinig bekende culturen tentoon te stellen en te conserveren. De conceptuele basis van dit ontwerp is het respect voor het milieu en het gebouw werd in milieuvriendelijke materialen opgetrokken. De structuur ervan is gebaseerd op functionaliteit en integratie in de stedelijke context.

Das Hauptgebäude ist ein Gang, der sich als geschwungene Glaswand über Säulen erhebt. Auf seiner Spitze wurde eine Reihe von Blöcken angebracht, die in unterschiedlichen Farben gehalten sind.

The main building is a walkway in the guise of a curved glass wall that rises up over pillars. A row of boxes painted in several different tones were placed at its peak.

Le bâtiment principal est une galerie dont la paroi de verre courbe se dresse au-dessus de piliers et au sommet de laquelle une série de boîtes peintes de différentes couleurs ont été placées.

Het hoofdgebouw is een wandelweg in de gedaante van een gebogen glazen wand die op pilaren omhoog rijst. Op het hoogste punt is een rij in verschillende kleuren geschilderde dozen opgesteld.

Diese neue Kirche entstand im Jahr 2005 als Ersatz für die frühere kleine Kirche. Das Gebäude ist ein einziger großer Körper aus weißen Marmorplatten, die an durchscheinendem Glas angebracht sind, durch das Licht ins Innere fällt. Mit diesem Material wollten die Architekten die Bedeutung und Schönheit dieses Orts betonen, der bei Nacht zu einer Art Leuchtfeuer wird.

This new church was created in 2005 to replace the former small one. The building is one large volume made up of white marble panels attached to translucent glass that allows light to penetrate inside. The architects chose this material to highlight the importance and beauty of the site, which becomes a beacon of light at night.

SAINT FRANÇOIS MOLITOR CHURCH

Corinne Callies, Jean-Marie Duthilleul/AREP

Paris, France
1,390 m² / 14,962 square feet

Cette nouvelle église a été construite en 2005 pour remplacer l'ancienne, plus petite. Le bâtiment se compose d'un grand volume de panneaux de marbre blanc fixés à du verre translucide qui laisse pénétrer la lumière. Les architectes ont choisi ce matériau pour mettre en valeur l'importance et la beauté du site, qui éclaire comme un phare la nuit.

Deze nieuwe kerk werd in 2005 gebouwd ter vervanging van de vorige kerk die kleiner was. Het gebouw is één groot volume dat is opgetrokken uit witte marmeren panelen in combinatie met glas waardoor het licht binnendringt. De architecten kozen dit materiaal om de belangrijkheid en schoonheid van deze plaats te benadrukken, die 's nachts een baken van licht wordt.

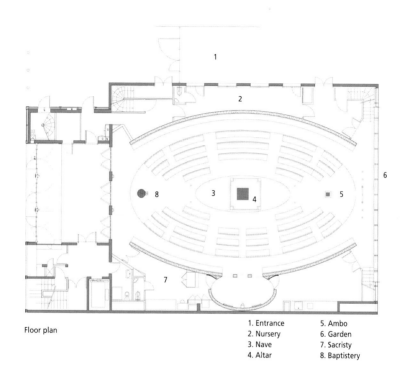

Floor plan

1. Entrance   5. Ambo
2. Nursery   6. Garden
3. Nave   7. Sacristy
4. Altar   8. Baptistery

Der Boden des Altars liegt unter dem Niveau der Umgebung. Rundherum schließen zwei geschwungene Wände aus typischem goldfarbenem Pariser Stein den Versammlungsbereich ein.

The floor of the altar is sunken compared to its surroundings. Around it, two curved walls built using typically Parisian gold-toned stone enclose the congregational area.

L'autel est en contrebas par rapport au reste de la salle. Il est entouré de deux murs courbes en pierre aux tons dorés typiquement parisienne qui enclosent la zone destinée aux fidèles.

De vloer waarop het altaar staat, ligt lager dan het omliggende niveau. Daaromheen omsluiten twee gebogen wanden, van de typisch Parijse goudkleurige steen, de ruimte voor de gemeente.

Dieser Entwurf verbindet die beiden historischen Gebäude des Pratt Institute. Der interessanteste Teil dieses neuen Abschnitts ist der mittlere Bereich mit seinen neuen Funktionsräumen. Diese Initiative ist ein gutes Beispiel für eine neue Art von Architektur, die die historische Persönlichkeit der alten Gebäude neu erfindet und verstärkt.

This design connects the two historic buildings of the Pratt Institute and acts as a space joining both of them. The most interesting part of this new section is the middle, as it provides new functional spaces. This initiative is a clear example of a new type of architecture that reinvents and reinforces that historic personality of the old buildings.

HIGGINS HALL CENTER SECTION PRATT INSTITUTE

Steven Holl Architects

New York, USA
2,557.5 m²/ 27,529 square feet

Ce projet relie les deux bâtiments historiques du Pratt Institute entre lesquels il forme un espace de transition. La partie centrale, la plus intéressante de la nouvelle section, offre de nouveaux espaces fonctionnels. Cette initiative est un exemple parfait d'un nouveau genre d'architecture qui réinvente et renforce la personnalité historique des bâtiments anciens.

Het ontwerp verbindt de twee historische gebouwen van het Pratt Institute. Het interessantste van deze nieuwe ruimte is het centrale gedeelte daar het van nieuwe functionele ruimten voorziet. Dit initiatief is een duidelijk voorbeeld van een nieuw soort architectuur dat de historische persoonlijkheid van oude gebouwen herinterpreteert en versterkt.

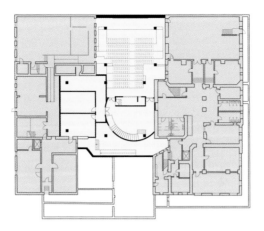

Basement plan

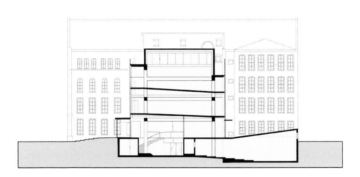

East-West section looking North

Die Glasstruktur bildet einen ansprechenden Kontrast zum restlichen historischen Komplex, und die Beleuchtung sorgt dafür, dass sie sich vom dunklen Zement der umliegenden Gebäude abhebt.

The glass structure creates an attractive contrast with the rest of the historic complex, and at the lghts installed make it stand out from the dark cement of the surrounding buildings.

La structure de verre forme un contraste particulièrement séduisant avec le reste de l'ensemble historique et son éclairage la fait ressortir sur le ciment sombre des bâtiments environnants.

De glazen structuur creëert een aangenaam contrast met de rest van het historische complex en dankzij de aangebrachte verlichting steekt het helder af tegen het donkere cement van de omringende gebouwen.

Der innovative Baustil dieses Museums sorgt für einen starken Kontrast zum historischen Ambiente und den hier dominanten traditionellen Gebäuden. Wie ein Ballon scheint sich das Gebäude über die Stadt zu erheben und über seinem transparenten Boden zu schweben. Das Museum hat nicht nur einen künstlerischen Auftrag, sondern ist auch eine dynamische Kraft des Umbruchs im sozial schwächsten Stadtteil.

The innovative vernacular of this museum has generated a stark contrast with the historical setting and the traditional buildings that predominate the area. Like a balloon, the building bursts out into the city and seems to float over its transparent ground floor. Besides its artistic functions, this museum is also a dynamic force for change in the most disadvantaged part of the city.

KUNSTHAUS GRAZ

Peter Cook & Colin Fournier

Graz, Austria
11,100 m² / 119,479 square feet

L'architecture vernaculaire innovante de ce musée crée un vif contraste avec les constructions traditionnelles qui dominent le secteur. Tel un ballon dirigeable, le bâtiment fait irruption dans la ville et semble flotter sur son plancher transparent. Outre sa fonction purement artistique, le musée crée aussi une dynamique de changement dans le quartier le plus défavorisé de la ville.

De innovatieve vorm van dit museum staat in sterk contrast met de historische omgeving en de traditionele gebouwen in deze wijk. Als een ballon rijst dit pand op uit de stad en lijkt het boven de transparante benedenverdieping te zweven. Naast de artistieke functie, is dit museum ook een drijvende kracht achter de vernieuwing van deze grootste achterstandswijk van de stad.

Das Museum beheimatet Ausstellungen moderner und zeitgenössischer Kunst unterschiedlicher Disziplinen. Abgesehen von den rein technischen Aspekten wurde das Innere zur Inspiration der Kuratoren entworfen.

The museum houses exhibitions of modern and contemporary art from a variety of disciplines. Apart from just the technical concerns, the inside of the building was designed to inspire the curators.

Le musée abrite des expositions d'art moderne et contemporain dans plusieurs disciplines. L'intérieur ne répond pas seulement à des impératifs techniques, mais a aussi été conçu pour inspirer les conservateurs.

In het museum wordt moderne en hedendaagse multidisciplinaire kunst tentoongesteld. Het interieur werd, behalve met het oog op de technische vereisten, ook ontworpen om de conservatoren te inspireren.

Vito Acconcis Insel in der Mur in Graz
ist Ausdruck des Innovationsgeists der
Gegend. Das Projekt entstand aus der
Notwendigkeit, eine Lösung zur Integration
des Flusses in das urbane Umfeld zu finden.
Das Ergebnis ist eine Plattform, die als
Bindeglied fungiert. Beim Überqueren
wird die Wahrnehmung der Stadt und
der Natur zu einem Sinneserlebnis.

Vito Acconci's island in the Mur River in
Graz has become a sign of maximum
innovation in the area. The project arose
from the need to design a solution to
integrate the river into its urban setting.
The result is a platform connecting the
two. When it is crossed, the perception
of the city and nature is transformed
into a sensorial experience.

MUR ISLAND

Vito Acconci/Acconci Studio

Graz, Austria

L'île sur la rivière Mur de Vito Acconci est devenue un signe d'innovation majeure dans la région. Le projet est né du besoin d'intégrer la rivière à son cadre urbain. Le résultat est une plateforme reliant les deux : la traversée transforme la perception de la ville et de la nature en une expérience sensorielle.

Het eiland van Vito Acconti in de rivier de Mur in Graz is een symbool geworden van de enorme vernieuwing van deze zone. Het project ontstond uit de behoefte om de rivier te integreren in de stedelijke context. Het resultaat is een platform dat de twee elementen verbindt. Bij het oversteken wordt de waarneming van de stad en de natuur een zintuiglijke ervaring.

Das transparente Glas gibt den Blick auf die Hügellandschaft rund um diese österreichische Stadt frei. Der Übergang zwischen den Ufern bietet die Möglichkeit, die Gegend aus einer neuen Perspektive zu betrachten.

The hilly landscape surrounding this Austrian city crosses the transparency of the glass, and the passageway between both banks becomes an opportunity to explore the setting from a new perspective.

Le paysage vallonné qui entoure cette cité autrichienne traverse le verre transparent, transformant ainsi le passage d'une rive à l'autre en une exploration du décor sous une perspective nouvelle.

Het glooiende landschap waarin deze Oostenrijkse stad ligt, dringt binnen door het transparante glas en via de corridor tussen de oevers kan men de omgeving vanuit een ander perspectief verkennen.

Ziel dieses Projekts im internationalen Flughafen Dulles war die Schaffung eines großen Museums für die historische Sammlung von Luft- und Raumfahrtausrüstung. Die Architekten ließen sich beim Innendesign von einem Flughafenterminal inspirieren. Der Raum wurde in eine Land- und eine Luftzone unterteilt, in der sich die unterschiedlichen Bereiche befinden.

The goal of this project was to create a vast museum to house the historical collection of air and space machinery. Located inside Dulles International Airport, the architects took their inspiration for the interior design from an airport terminal. The spaces were divided into a land and an air zone, where the different areas were located.

UDVAR-HAZY CENTER

Hellmuth, Obata & Kassabaum

Chantilly, Virginia, USA
65,844 m²/ 708,739 square feet

Le but de ce projet était de créer un vaste musée pour accueillir la collection aéronautique et aérospatiale historique de l'aéroport international Dulles. Les architectes se sont inspirés de l'intérieur d'un terminal d'aéroport. Les espaces ont été divisés en une zone terrestre et une zone aérienne comprenant les différents secteurs.

De opzet van dit project was het bouwen van een immens museum om de historische collectie van lucht- en ruimtevaartuigen in onder te brengen. Het museum is gelegen op het internationale vliegveld van Dulles en het interieurontwerp is geïnspireerd op een luchthaventerminal. De ruimten zijn verdeeld in een land- en een luchtzone, waar de diverse afdelingen zijn ondergebracht.

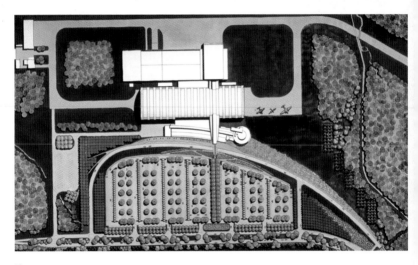

Diagram

First floor plan

Second floor plan

Die Mehrzahl der Elemente in diesem Museum sind mit Aluminiumpaneelen verkleidet, die an Baumaterial aus der Luftfahrt erinnern. Die Fassade ist glatt und weist rechteckige Fenster auf.

The majority of features in this museum are clad with aluminium panels reminiscent of aerospace construction materials. The façade is smooth and features rectangular-shaped windows.

Les éléments du musée sont pour la plupart revêtus de panneaux d'aluminium qui rappellent les matériaux de construction utilisés en aérospatiale. La façade lisse est percée de fenêtres rectangulaires.

De meeste elementen in dit museum zijn bekleed met aluminium panelen, die doen denken aan de constructiematerialen voor de luchtvaart. De gevel is vlak en heeft rechthoekige ramen.

Ein imposantes Flugzeug hängt von der Decke im Haupthangar. Über die erhöhten Stege rund um das Flugzeug können die Besucher dieses aus der Nähe besichtigen.

A spectacular airplane is suspended from the ceiling in the main hangar. Visitors can get near to the craft via the elevated walkways running around it to see the details up close.

Dans le hangar principal, un avion spectaculaire est suspendu au plafond. Le passage surélevé tout autour permet aux visiteurs de s'en approcher pour voir les détails de près.

Een spectaculair vliegtuig hangt aan het plafond van de hoofdhangar. De bezoekers kunnen de details van het vliegtuig van dichtbij bekijken via de loopbruggen die het toestel omringen.

Die Herausforderung bei diesem Projekt zur Renovierung eines ehemaligen Kindergartens bestand in der Betonung des privilegierten Grünraums, in dem sich dieser befindet. Aufgrund der erzieherischen Funktion, die das neue Konzept erfüllen musste, arbeitete das Architektenteam eng mit dem Kindergartenleiter und anderem Kindergartenpersonal zusammen, um die Umweltfaktoren besonders zu berücksichtigen.

The major challenge in this project to refurbish a former nursery school was to highlight the privileged area of green spaces where it is located. Due to the educational purposes that the new design had to fulfil, the team of architects decided to work closely with the headmaster and other staff at the school, placing special importance on environmental factors.

POSTFOSSIL ECO-WOOD-BOX KINDERGARTEN

Despang Architekten

Lower Saxony, Hanover, Germany
658 m² / 7,083 square feet

Le principal défi de ce projet de rénovation d'un jardin d'enfants consistait à mettre en valeur l'espace vert avantageux qui l'entoure. En raison des objectifs éducatifs du nouveau bâtiment, les architectes ont décidé de travailler en étroite collaboration avec le directeur et le personnel de l'école en mettant plus particulièrement l'accent sur les facteurs environnementaux.

De grootste uitdaging bij de renovatie van deze voormalige kleuterschool was het benadrukken van de locatie ervan in een dure wijk met veel groen. Gezien de educatieve eisen waaraan het nieuwe pand moest voldoen, besloot het architectenteam nauw samen te werken met de directeur en de staf van de school, waarbij speciale aandacht werd geschonken aan de omgevingsfactoren.

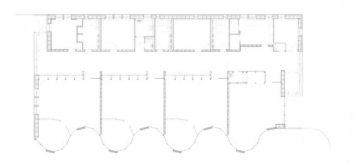

Floor plan

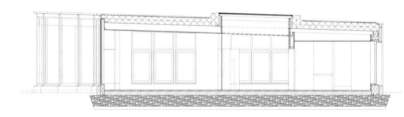

Front elevation

Als Baumaterial wurden Holzbalken eingesetzt, die den Kindergarten vor niedrigen Temperaturen schützen. Das dazwischen eindringende Licht bewirkt ein Spiel mit Licht und Schatten, das die Kinder fasziniert.

La structure est construite en poutres de bois qui protègent les locaux des températures trop basses. La lumière passe à travers, créant des effets qui suscitent l'intérêt des enfants.

The structure was built using wooden beams that protect the kindergarten from low temperatures. The light penetrates through them, creating an interplay of lights that arouses the children's interest.

Er werd een constructie gebruikt van houten balken, die de school tegen de kou beschermen. Het licht dringt binnen tussen de balken, waardoor een lichtspel ontstaat dat de interesse van de kinderen opwekt.

Der Architekt war sich der Anforderungen der Schule bewusst und schlug alternative Lösungen für dieses Projekt vor, die von der gewohnten administrativen Formalität abwichen. Nach einer genauen Analyse des Umfelds entstand dieser Komplex, der alle funktionalen und formalen Anforderungen erfüllte. Lott schuf damit ein lichtdurchflutetes, offenes Gebäude für Lehrer und Schüler.

Aware of schools' needs, the architect suggested alternative solutions for this project than the customary administrative formality. After a painstaking analysis of the setting and the school's requirements, this complex was designed to fulfil all the functional and formal needs. Lott provided teachers and students alike with a light-drenched, open space.

GALILÉE SECONDARY SCHOOL

Jean-Pierre Lott

Paris, France

Conscient des besoins spécifiques d'une école, l'architecte a suggéré des alternatives au style administratif formel de rigueur. Après une étude minutieuse du cadre et des exigences scolaires, le complexe a été conçu pour répondre à tous les besoins fonctionnels et formels exprimés. Lott a offert aux enseignants et aux élèves un espace ouvert baigné de lumière.

De architect, die weet wat een school nodig heeft, kwam met een andere oplossing dan de gebruikelijke bestuurlijke vormentaal. Het complex werd ontworpen na een zorgvuldige analyse van de ligging en de vereisten van de school, om te voldoen aan de functionele en vormgebonden vereisten. Lott schiep voor zowel studenten als docenten een in het licht badende open ruimte.

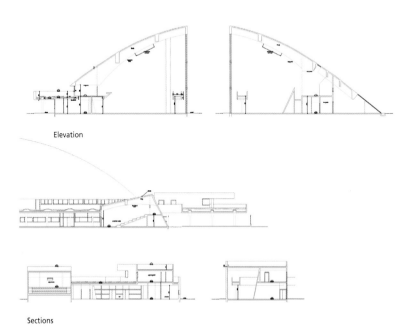

Elevation

Sections

Elemente wie der geneigte Dom, die dynamische Treppe im Foyer und das gleichförmige Weiß bewirken ein futuristisches Erscheinungsbild. Dem Architekten gelang damit die Verbindung von Funktion und Ästhetik.

Certains éléments comme le dôme penché ou l'escalier dynamique du hall et le blanc uniforme créent une impression futuriste. L'architecte est parvenu à concilier avec succès fonctionnalité et esthétique.

Elements like the tilted dome, the dynamic staircase in the lobby and the uniformity of white give the inside a futuristic appearance. The architect managed to successfully couple function with aesthetics.

Elementen als de scheve koepel, de dynamische trap in de hal en de uniformiteit wit geven het interieur een futuristisch aanzien. De architect is erin geslaagd functionaliteit en schoonheid te verenigen.

Die Idee der Schaffung eines Kulturparks entstand in der Stadt Pachuca. Das Projekt umfasst ein großes Wandgemälde aus winzigen Mosaikfliesen sowie den Entwurf für das Theater „Auditorio Gota de Plata", die in ihrer Formensprache miteinander in Beziehung stehen. Das Theater ist einer der zentralen Teile in diesem riesigen Komplex, in dem Funktion und Ästhetik nahtlos ineinander übergehen.

The idea of creating a Cultural Park emerged in the city of Pachuca. This project features a large mural square made with tiny mosaic tiles as well as the design for the Gota de Plata Auditorium Theatre, which interact formally. The theatre is one of the main components in this vast complex; in it, function and aesthetics merge seamlessly.

GOTA DE PLATA
AUDITORIUM THEATER

Jaime Varon, Abraham Metta, Álex Metta/Migdal
Arquitectos

Pachuca, Mexico
14,000 m² / 150,695 square feet

L'idée de créer un parc culturel a vu le jour dans la ville de Pachuca. Ce projet comprend un vaste panneau mural fait des mêmes minuscules carreaux de mosaïque que le théâtre auditorium Gota de Plata dont la forme lui fait écho. Le théâtre est l'un des principaux éléments de ce vaste complexe qui mêle sans transition fonctionnalité et esthétique.

In de stad Pachuca ontstond het idee om een cultureel park te creëren. Het wandkunstwerk is een enorm vierkant op de muur, dat is gemaakt uit kleine mozaïekstukjes, net zoals bij het auditorium en theater Gota de Plata. Het theater is een van de belangrijkste componenten van dit enorme complex, waarin functionaliteit en esthetiek perfect samengaan.

Dank der großen, transparenten Glasfenster ist das riesige Wandgemälde des Künstlers Byron Gálvez mit dem Theater verbunden, sodass die beiden Elemente in einem quasi durchgängigen Raum vereint werden.

La transparence des immenses fenêtres rattache le vaste carré mural conçu par l'artiste Byron Gálvez au théâtre, unifiant ainsi les deux éléments et créant un espace virtuellement continu.

Thanks to the transparency of the huge glass windows, the vast mural square designed by artist Byron Gálvez is joined to the Theatre, unifying both elements and creating a virtually continuous space.

Dankzij de transparantie van de grote glaspartijen staat het grote wandkunstwerk van Byron Gálvez in verbinding met het theater, waardoor beide elementen verenigd zijn in een virtueel doorlopende ruimte.

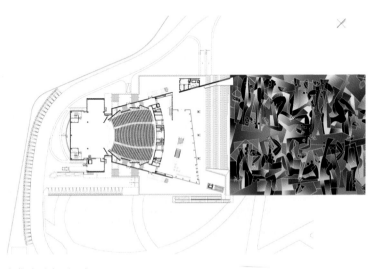

Auditorium' s location plan

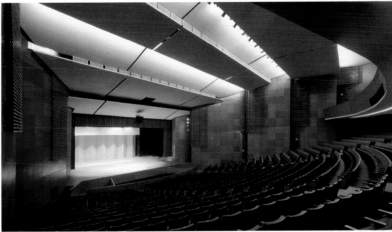

Die Art, wie Produkte zur Schau gestellt werden, ist heute ausschlaggebend für den Erfolg bei den Kunden. Mit diesem Design sollte ein attraktives und funktionales Ambiente für die Präsentation einer Reihe von Textilmustern geschaffen werden. Die auf technische Lösungen spezialisierten Architekten entwarfen ein System aus Stoffwänden, das die Produkte in diesem Ausstellungsraum in den Mittelpunkt rückt.

The way products are displayed has become a key factor in attracting customers. This design aimed at an attractive, functional setting created to launch a line of textile samples. The architects, who specialise in technical solutions, designed a system of fabric walls that make the products take centre stage in this showroom.

TILES IN KVADRAT SHOWROOM

Ronan & Erwan Bouroullec

Stockholm, Sweden
250 m² / 2,691 square feet

La présentation des produits est devenue un facteur essentiel pour attirer la clientèle. Ce projet avait pour but de créer un décor attirant et fonctionnel pour lancer une ligne d'échantillons de tissus. Les architectes, spécialistes en solutions techniques, ont conçu un système de murs en tissu qui place les produits sur le devant de la scène.

De manier waarop producten worden gepresenteerd is een essentiële factor geworden om klanten te trekken. De opzet was een aantrekkelijke, functionele omgeving te creëren om een stoffenassortiment te lanceren. De architecten, die specialisten zijn in technische oplossingen, ontwierpen een systeem van stoffen wanden waardoor deze producten de hoofdrol vervullen in deze toonzaal.

142

Die Architekten kreierten eine von ihnen „Fliesensystem" genannte Innenausstattung, bei der unabhängige Textilelemente eingesetzt werden, die als Trennwände zwischen den verschiedenen Bereichen fungieren.

The architects came up with what they called "the tiles system", which consists of laying out independent textile structures that serve as partitions between the different spaces.

Les architectes ont proposé ce qu'ils appellent un « système de tuiles » qui consiste à disposer des structures textiles indépendantes les unes des autres pour séparer les différents espaces.

De architecten kwamen met een idee dat ze "het tegelstelsel" noemden en dat bestaat uit onafhankelijke textielstructuren die dienen als verdelingselementen tussen de verschillende ruimten.

Dieses sechsgeschossige Gebäude im Herzen von Zürich beherbergt eine Vielzahl von Geschäften und Büros. Es befindet sich in einem Gebiet mit Gebäuden aus unterschiedlichen Epochen; seine Bauweise und sein Design sind bemerkenswert, ohne einen Bruch mit den umliegenden Bauwerken darzustellen. Die transparente Fassade bietet von innen einen Blick auf die Umgebung.

This six-storey building housing a variety of shops and offices is right in the heart of Zurich. Located in a zone featuring buildings from different periods, its structure and design are striking yet consistent with its neighbours. The environs can be seen from the inside via the transparent façade.

COMMERCIAL BUILDING AT LÖWENPLATZ

Theo Hotz Archtitekten & Planer

Zurich, Switzerland

Ce bâtiment de six étages abritant divers bureaux et boutiques est situé en plein cœur de Zurich. Dans ce quartier où cohabitent des bâtiments de différentes périodes, sa structure et son aspect frappent, mais restent en accord avec ses voisins. La façade transparente permet l'observer les environs depuis l'intérieur.

Dit gebouw van zes etages, waarin verschillende winkels en kantoren zijn gehuisvest, bevindt zich midden in het centrum van Zürich. De bouw en het ontwerp van het gebouw, dat is gelegen in een wijk met gebouwen uit verschillende periodes, zijn opvallend maar harmoniëren toch met de omliggende panden. De omgeving kan van binnenuit gezien worden door de transparante gevel.

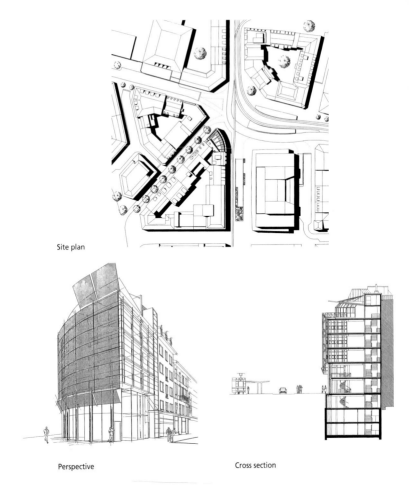

Site plan

Perspective

Cross section

Ein Glasvorhang an der Fassade des gesamten Gebäudes schützt dieses vor dem Außenlärm. Das einfallende Licht erzeugt ein helles und angenehmes Ambiente im Inneren, das mit der Umwelt optisch verbunden ist.

A glass curtain covers the façade of the entire building, protecting it from the noise outside. The light that filters through it creates a bright, warm interior that is visually linked with its setting

Un rideau de verre recouvre entièrement la façade et protège du bruit extérieur. La lumière qui le traverse est filtrée de manière à créer un intérieur clair et chaleureux relié visuellement au décor.

Een glazen gordijn bekleedt de gevel van het hele gebouw en schermt het af van het straatrumoer. Het licht dat hierdoor gefilterd wordt, schept een warm en helder interieur dat visueel aansluit bij de omgeving.

Das Umfeld dieses an einem emblematischen Standort gelegenen Cafés, mit seinen zu wahren Modeikonen gewordenen Geschäften, übte einen erheblichen Einfluss auf das Konzept des Entwurfes aus. Die Architekten sahen einen Raum vor, der die Einkaufstradition der Gegend und die Modernität neuer Generationen vereinen sollte. Dies zeigt sich in der Wahl der Materialien und der Raumaufteilung.

Located in an emblematic site that houses shops that have become veritable fashion icons, the setting of this coffee lounge exerted a considerable influence on the concept of the design. The architects envisioned a space that would capture the shopping tradition of the area and the modernity of new generations. This choice is reflected in the choice of materials and the layout of the space.

COFFEETIME
COFFEE-LOUNGE

Despang Architekten

Hanover, Germany

Situé dans un site emblématique dont certaines boutiques sont devenues des symboles de la mode, le cadre de ce café a joué un rôle essentiel dans sa conception. Les architectes ont imaginé un espace qui reflète à la fois la tradition marchande de l'endroit et l'esprit moderne des jeunes générations, un choix que l'on retrouve dans les matériaux et l'aménagement de l'espace.

De locatie van deze koffiesalon op een tot de verbeelding sprekende plek met topmodewinkels, heeft een aanzienlijke invloed op het ontwerp ervan gehad. De architecten beoogden een ruimte die de winkeltraditie van de zone en de moderniteit van de komende generaties zou weergeven. Deze keuze is weerspiegeld in de materiaalkeuze en de lay-out van de ruimte.

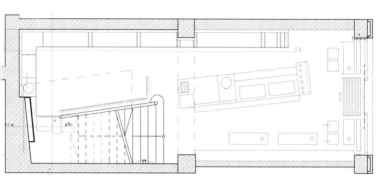

Floor plan

nders als bei anderen Treffpunkten sind in
esem Cafe die Theke, Sitze und andere
emente nicht unabhängig voneinander
geordnet, sondern so verteilt, dass ein
umlicher Bezug zwischen ihnen entsteht.

Unlike other similar venues, in this coffee lounge
the counter, seats and other features are not
independent of each other, but rather are
distributed so as to create a spatial relationship
between them.

ntrairement à d'autres endroits similaires, le
mptoir, les sièges et les autres éléments de
café ne sont pas indépendants, mais sont
partis de manière à créer des relations
atiales entre eux.

In tegenstelling tot vergelijkbare panden zijn
in deze koffiesalon de toog, de zitplaatsen en
andere elementen niet onafhankelijk van elkaar,
maar veeleer verdeeld zodat er ruimtelijke relatie
tussen ontstaat.

Dieser Kinokomplex von Andrea Viviani wurde in einem Gewerbegebiet von Padua, einer der dynamischesten Städte Italiens, errichtet. Um dem Gebäude ein auffälliges Design zu verleihen und Kunden anzuziehen, erhielt es ein bemerkenswertes äußeres und inneres Erscheinungsbild. Eines der Hauptziele war ein außergewöhnliches Aussehen, um den Komplex von der Umgebung abzuheben.

This film complex designed by Andrea Viviani was built in an industrial park in Padua, one of the most dynamic cities in all Italy. To ensure that the building stood out and attracted customers, it was given a very striking external and internal image. One key goal was to achieve a unique appearance that would differentiate it from its setting.

MULTIPLEX CINECITY
LIMENA

Andrea Viviani/Viviani Architetti

imena, Italy

,200 m² / 99,028 square feet

e multiplexe conçu par Andrea Viviani a
té construit dans une zone industrielle de
adoue, l'une des villes les plus dynamiques
'Italie. Pour être sûr de faire sensation et
'attirer le public, un aspect vraiment
pectaculaire a été donné tant à l'extérieur
u'à l'intérieur du bâtiment. L'un des
bjectifs principaux était de créer un
bjet unique qui se distingue du
adre environnant.

Dit bioscoopcomplex is ontworpen door
Andrea Viviani en gebouwd in een
industriegebied in Padua, een van de
meest dynamische steden in Italië. Het
gebouw moest in het oog springen en
klanten trekken. Daarom is het ontwerp
van zowel het interieur als het exterieur
zeer opvallend. Het streven was het een
unieke vormgeving te geven zodat het
zich van de omgeving zou onderscheiden.

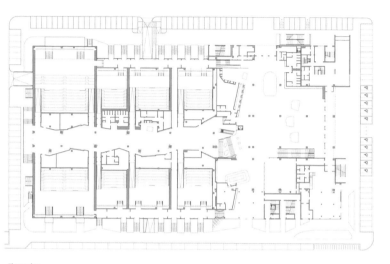

Floor plan

Die Fassade ist mit Aluminiumplatten
ausgestattet, an denen Werbung angebracht
und regelmäßig ausgewechselt werden kann.
Sie verfügt zudem über große Fenster, durch
die natürliches Licht in das Gebäude fällt.

The façade features aluminium panels on which
advertising can be placed and regularly updated,
as well as large windows which allow natural
light to penetrate inside the building.

La façade porte des panneaux en aluminium sur
lesquels des publicités peuvent être placées et
changées régulièrement, ainsi que de larges
fenêtres qui laissent entrer la lumière naturelle.

De gevel bestaat uit aluminium panelen waarop
men publiciteitsmateriaal kan aanbrengen dat
regelmatig vervangen kan worden, en door de
grote glaspartijen kan natuurlijk licht naar
binnen schijnen.

Ziel dieses Projekts war die Schaffung eines neuartigen, modernen Unterhaltungslokals, das sich von allen anderen in der Stadt unterscheiden sollte. Die Architekten legten besonderen Wert auf die Innengestaltung, wobei sie drei klar getrennte Bereiche schufen, die durch die Verwendung derselben Materialien und Farben – insbesondere der Farbe Weiß – optischen Zusammenhalt bekommen.

The purpose of this project was to create a new, sophisticated entertainment venue that was different from the others in the city. The architects took special care with the interior space, which they divided into three clearly distinct areas unified by the same materials and colours, with white elegantly prevailing.

GREY LOUNGE

Marco Guido Savorelli

Orzinuovi, Italy
160 m² / 1,722 square feet

Le but de ce projet était de créer un espace de loisir nouveau et raffiné, différent de ceux qui existent déjà dans la ville. Les architectes ont accordé un soin tout particulier à l'espace intérieur qu'ils ont divisé en trois zones bien distinctes, unifiées par des matières et couleurs identiques, où le blanc domine avec élégance.

Het doel van dit project was een nieuwe, mondaine ruimte voor recreatie te creëren, die anders was dan alle andere in de stad. De architecten hebben speciale aandacht aan de dag gelegd voor het interieur, dat in drie duidelijk te onderscheiden ruimten werd ingedeeld die met elkaar worden verenigd door dezelfde materialen en kleuren, met een elegante overheersing van wit.

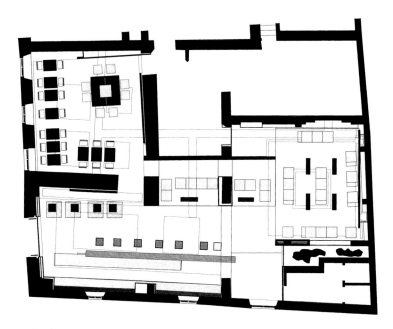

Floor plan

Bei der Innenausstattung wurde jegliche Extravaganz und übermäßige Dekoration vermieden und stattdessen eine minimalistische Gestaltung mit schlichten Linien bevorzugt. Zur Beleuchtung dienen schummrige, dezente Lampen.

À l'intérieur, toute excentricité ou décoration trop chargée a été évitée au profit d'un style minimaliste aux lignes pures et simples. L'espace est éclairé par de discrètes veilleuses.

Inside, extravagance and decorative excess were avoided, opting instead for a minimalist style featuring simple, pure lines. The space is lit with dim, discrete lights.

Binnen werden extravagantie en overdreven decoratie geweerd. In plaats daarvan is gekozen voor een minimalistische stijl met een eenvoudige, klare lijn. De ruimte heeft een gedempte, discrete verlichting.

Dieses Projekt entstand auf dem Hotel Hesperia, einem der symbolträchtigsten Gebäude Barcelonas. Es wurde als Aussichtspunkt konzipiert und weist eine absolut transparente Verkleidung auf, was einen herrlichen Blick über die Stadt eröffnet. Das Projekt zeigt die Faszination für Veränderung und Fortschritt – Aspekte, die auch die Küche des Restaurants prägen.

This space is located on the top of the Hotel Hesperia, one of the most emblematic buildings in Barcelona. Designed as a lookout point, its cladding is totally transparent, making for spectacular views of the city. The project reflects a fascination with change and progress, aspects that also define the restaurant's cuisine.

EVO

Richard Rogers Partnership, Alonso Balaguer & Arquitectes Associats

Hospitalet de Llobregat, Spain

Ce lieu occupe le toit de l'hôtel Hesperia, l'un des bâtiments les plus emblématiques de Barcelone. Conçu comme un poste d'observation, son revêtement est parfaitement transparent et offre un point de vue spectaculaire sur la ville. Le projet témoigne de la fascination pour le changement et le progrès, des valeurs que l'on retrouve dans la cuisine du restaurant.

Deze ruimte bevindt zich bovenop het Hotel Hesperia, een van de meest in het oog springende gebouwen in Barcelona. Het is ontworpen als uitkijkpost, dus de bekleding is totaal transparant, zodat men een spectaculair uitzicht op de stad heeft. Het project geeft de fascinatie weer voor verandering en vooruitgang, aspecten die ook in de keuken van het restaurant tot uiting komen.

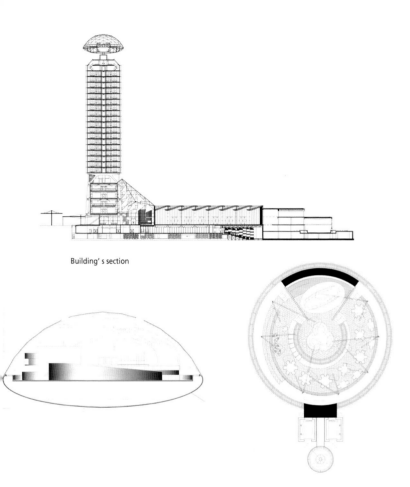

Building' s section

Platform' s section   Floor plan

Die Architekten und Innendesigner schufen einen
Raum, in dem die Gäste den Blick über Barcelona
bei herrlichen Speisen genießen können, in deren
Zubereitung mediterrane sowie moderne Trends
einfließen.

The architects and interior designers created
a space where guests could enjoy views of
Barcelona while savouring a cuisine that blends
the Mediterranean tradition with today's trends.

Les architectes et décorateurs ont créé un espace
où les hôtes peuvent admirer la vue sur Barcelone
en savourant une cuisine qui mêle tradition
méditerranéenne et tendances actuelles.

De architecten en interieurontwerpers creëerden
een ruimte waar de gasten kunnen genieten van
het uitzicht op Barcelona en van gerechten die
mediterrane traditie en hedendaagse trends
combineren.

Ziel dieses Projekts war die Errichtung eines Restaurants, das einer der spektakulärsten Treffpunkte Sydneys werden und zugleich einladend wirken sollte. Die Architekten ersannen ein ausgeklügeltes Konzept offener Räume mit verschiedenen Bereichen, die durch Glasplatten getrennt sind, sodass ein geräumiges und komfortables Flair entstand.

The goal of this project was to build a restaurant that would become one of th most spectacular points in Sydney, yet that was welcoming at the same time. The architects' design was based on sophisticated open spaces, and the end result entailed creating different areas separated by glass panels that give a sense of spaciousness and comfort.

ICEBERGS BONDI

Lazzarini Pickering Architetti

Sydney, Australia

L'objectif du projet était de construire un restaurant qui deviendrait l'un des endroits les plus spectaculaires de Sydney, tout en restant accueillant. Les architectes ont basé leur plan sur des espaces ouverts sophistiqués et le résultat final a abouti à la création de différentes zones séparées par des panneaux vitrés qui donnent une impression d'espace et de confort.

Het doel van dit project was het bouwen van een restaurant dat een van de meest spectaculaire plekken van Sydney zou worden maar ook een grote gastvrijheid zou uitstralen. Het ontwerp is gebaseerd op geraffineerde open ruimten en het eindresultaat bestaat uit verscheidene door glaspanelen gescheiden ruimten, die het restaurant een gevoel van ruimtelijkheid en comfort geven.

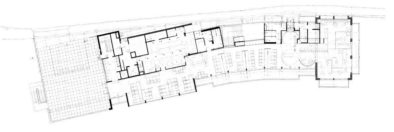

Ground floor

ection G G'

vorherrschenden Farbtöne im Inneren greifen Lage am Meer auf. Zu den markantesten menten zählen die von der Decke hängenden rbstühle, von denen man die Landschaft rvorragend überblicken kann.

The prevailing tones indoors play with the seafront setting. One of the most prominent features is the wicker armchairs hanging from the ceiling, the ideal vantage point for viewing the landscape.

s tons dominants à l'intérieur jouent avec les uleurs du front de mer qui forme le décor. On narque particulièrement les fauteuils en osier spendus qui offrent un point de vue idéal sur paysage.

De overheersende tinten in het interieur spelen met de ligging aan zee. Een van de meest frappante details zijn de rieten zetels die aan het plafond hangen en een prachtig uitkijkpunt vormen over het landschap.

Dieses ehemalige Kino hat sich zu einem der trendigsten Veranstaltungsorte in Florenz entwickelt. Der mit dem Umbau beauftragte Designer und Architekt schuf ein Projekt mit einem glamourösen Dekor und Design, das der Welt des Films gerecht werden sollte. Im Inneren sorgen runde Formen und Strukturen sowie eine matte Beleuchtung für ein sinnliches Ambiente.

This former movie theatre has become one of the most fashionable venues in the city of Florence. The designer and architect in charge of refurbishing it designed a project based on glamorous décor and design that would reflect the world of film. Inside, rounded volumes and structures and dim lighting confer sensuality on the space.

UNIVERSALE FIRENZE

Stefano Pirovano

Florence, Italy
1,434 m² / 15,435 square feet

Cet ancien cinéma est aujourd'hui l'un des lieux les plus à la mode de Florence. Le concepteur et l'architecte chargés de la rénovation ont conçu un projet basé sur un décor et un plan glamour qui rappellent le monde du cinéma. À l'intérieur, l'arrondi des volumes et des structures ainsi que l'éclairage discret confèrent une véritable sensualité à l'espace.

Deze oude bioscoop is een van de meest modieuze plaatsen in Florence geworden. De ontwerper en architect die de opdracht kregen het gebouw te renoveren, ontwierpen een project dat werd gebaseerd op glamoureuze decoratie en design als weerspiegeling van de filmwereld. In het interieur verlenen zowel de gebogen vormen en structuren als de verlichting sensualiteit aan de ruimte.

Gold zieht sich durch die Innenausstattung, die Einrichtung und andere Elemente einschließlich der theatralischen Treppe und verleiht dem Veranstaltungsort den Charme und Glanz von Hollywood-Klassikern.

Gold surrounds the indoor space, covering the furnishings and other elements including the theatrical staircase, and giving the venue all the charm and glamour of classic Hollywood films.

L'or encadre l'espace intérieur, recouvrant le mobilier et d'autres éléments comme le spectaculaire escalier, pour donner au lieu tout le charme et le glamour des grands films hollywoodiens.

Goudkleurige elementen overspoelen de binnenruimte, zowel in de vorm van meubels als andere elementen, inclusief de trap, die de ruimte alle charme en glamour verleent van de klassieke Hollywood-films.

Bei dieser Bar galt es, einzigartiges Design mit exklusivem Service zu vereinen. Die Gestaltung des Innenraums ermöglicht unterschiedliche optische, farbliche, akustische und sensorische Wahrnehmungen. Hinter dem Grundriss stand der Versuch, verschiedene Bereiche zu schaffen, sodass jeder Besucher einen besonderen Platz findet, der seiner Persönlichkeit am besten entspricht.

This bar was created with one premise in mind: uniqueness and exclusive customer service. The design of the indoor space generates a variety of different perceptions: visual, chromatic, auditory, sensorial… The idea of the project was based on the layout of the venue, and it aimed to differentiate zones so that each customer could find his own particular space, the one that best suits his personality.

5 SENTIDOS LOUNGE BAR

Jordi Fernández, Eduardo Gutiérrez/ON-A

Empúria Brava, Spain
215 m² / 2,314 square feet

La création de ce bar répond à un impératif : un service à la fois exclusif et unique. L'espace intérieur génère des perceptions très différentes : visuelles, chromatiques, auditives, sensorielles… L'idée du projet repose essentiellement sur l'aménagement des lieux et vise à créer des zones différenciées afin que chaque client trouve l'espace qui correspond le mieux à sa personnalité.

Aan het ontstaan van deze bar lag één premisse ten grondslag: exclusiviteit. Het interieurontwerp genereert verscheidene gewaarwordingen: visueel, chromatisch, auditief, zintuiglijk... Het idee is gebaseerd op de lay-out van de plek en het doel was verschillende zones te creëren zodat iedere klant een eigen ruimte kan vinden die het best bij zijn persoonlijkheid past.

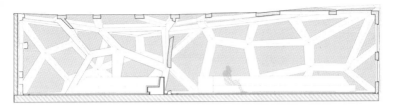

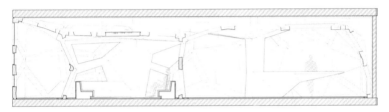

Longitudinal sections

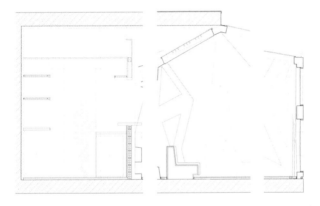

Cross section

Die Vielfalt der Farben in der Beleuchtung bewirkt warme Farben im Winter und kühle Farben im Sommer. Die Farbtöne der Möbel betonen das dominante Weiß der Ausstattung.

The wide range of colours in the lighting provides warm colours in winter and cool ones in summer. The furniture is tinged in tones that highlight the white of the structural mesh, the most outstanding feature in the design.

La vaste gamme de couleurs de l'éclairage produit des teintes chaudes en hiver et fraîches en été. Les meubles sont teintés de manière à souligner le réseau de poutres blanches, l'élément dominant du projet.

Het brede kleurengamma van de verlichting zorgt 's winters voor warme en zomers voor koelere kleuren. De kleuren van de meubels doen het wit van het structurele netwerk, het opvallendste kenmerk van het ontwerp, goed uitkomen.

Dieses vor kurzem errichtete Gebäude wurde zu einer architektonischen Sehenswürdigkeit von Barcelona und veränderte das Stadtbild erheblich. Der Architekt Jean Nouvel entwarf einen kleinen Wolkenkratzer, der sich an Gaudís Erbe und charakteristischen Landschaften der Gegend, wie etwa dem Berg Montserrat und dem Meer, inspiriert.

This building has recently become an architectural benchmark in the city of Barcelona, triggering a significant change in the city's landscape. Architect Jean Nouvel designed a small-scale skyscraper inspired by the legacy of Gaudí and characteristic landscapes in the region, such as the mountain of Montserrat and the sea.

AGBAR TOWER

Ateliers Jean Nouvel,
Fermín Vázquez/b720 Arquitectos

Barcelona, Spain
47,500 m² / 511,286 square feet

Le bâtiment est devenu depuis peu une référence architecturale dans le paysage urbain de Barcelone qu'il a transformé en profondeur. L'architecte Jean Nouvel a conçu un gratte-ciel à petite échelle inspiré par Gaudí et les paysages typiques de la région comme le massif du Montserrat et la mer.

Dit gebouw heeft zich ontwikkeld tot een architectonisch referentiepunt van Barcelona. Het heeft de skyline van de stad ingrijpend veranderd. De architect, Jean Nouvel, ontwierp een kleinschalige wolkenkrabber, geïnspireerd op het architectonische erfgoed van Gaudí en het karakteristieke landschap van de streek, zoals de heuvel van Montserrat en de zee.

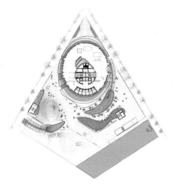

Site plan

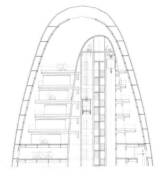

Section

Type floor

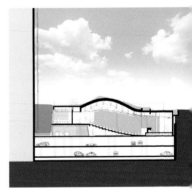

Section

Das gesamte Gebäude ist mit einer zweiten Haut aus unterschiedlich transparenten Glasplatten überzogen, durch die die farbige Fassade verschwommen wirkt und bei Nacht eine beeindruckende Licht-Show entsteht.

The entire building is covered in a second skin made up of glass panels with differing degrees of transparency that blur the coloured façade and create a spectacular light show at night.

Le bâtiment est tout entier recouvert d'une seconde peau faite de panneaux de verres plus ou moins transparents qui voilent la façade colorée et créent un fantastique spectacle lumineux la nuit.

Het hele gebouw is bekleed met een tweede huid van glazen panelen met verscheidene graden van transparantie die vlekken in de gekleurde gevel veroorzaken en 's nachts een spectaculaire lichtshow creëren.

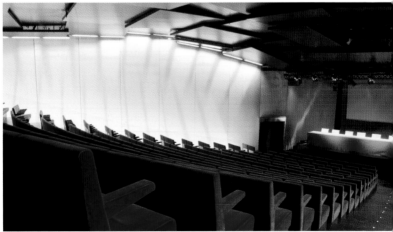

Wie ein riesiger, aus dem Boden wachsender Körper steht dieses charakteristische Bauwerk in einer der neueren Gegenden von Granada. Mit einem für Bürogebäude typischen ringförmigen Grundriss bietet die Innengestaltung einen sehr flexiblen Raum, der leicht an künftige Bedürfnisse angepasst werden kann.

Like a huge volume rising up from the ground, this project has become a characteristic feature of one of Granada's newer areas. With a ring-shaped floor plan so typical of office buildings, its internal layout makes it a highly flexible space that is capable of adapting to future needs.

CAJA GRANADA
HEADQUARTERS BANK

Alberto Campo Baeza

Granada, Spain

0,086 m² / 108,565 square feet

el un immense volume surgissant du
ol, ce projet est devenu l'un des plus
aractéristiques des nouveaux quartiers
e Grenade. Malgré un plan en anneau
vpique des immeubles de bureaux, sa
tructure interne en fait un espace
xtrêmement souple, parfaitement
dapté à ses besoins futurs.

Als een groot volume dat van de grond
oprijst, is dit project een karakteristiek
referentiepunt geworden van een de
nieuwere wijken van Granada. De
cirkelvormige plattegrond, die zo
kenmerkend is voor kantoorgebouwen,
maakt de interne indeling van dit
gebouw tot een bijzonder flexibele
ruimte die in staat is zich aan te passen
aan de eisen van de toekomst.

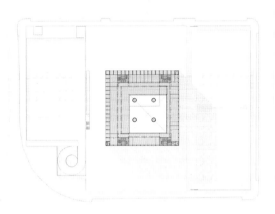

Site plan

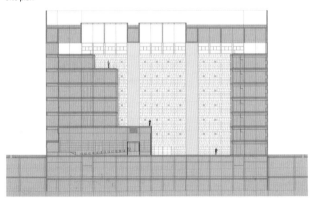

Longitudinal section

Der Innenhof in der Mitte, der ein kleines Impluvium aufweist, verbessert die Lichtverhältnisse in den Büros. Das Licht war beim Entwurf und bei der Ausrichtung dieses Gebäudes ein zentraler Faktor.

The inner courtyard in the middle, which has become a light "impluvium", enhances the light reaching the offices. Light was a key factor in the design of the building, as well as in its orientation.

La cour intérieure centrale, devenue « impluvium » de lumière, améliore l'éclairage des bureaux. Outre l'orientation, la lumière a été l'un des éléments majeurs de la conception du bâtiment.

De binnentuin in het centrum, die een "impluvium" van licht is geworden, versterkt het licht dat de kantoren bereikt. Dit was een sleutelfactor zowel bij het ontwerpen van dit gebouw als voor de ligging ervan.

Die Architekten definierten dieses Gebäude als kreative Stadt. Es wird für die Fernsehindustrie verwendet und beherbergt nicht nur Büros, sondern auch andere Bereiche, wie Parks, Plätze und Galerien. Die formale und funktionale Struktur des Komplexes erfüllt die Anforderungen des Gebäudes und ermöglicht einen flexiblen, homogenen Einsatz.

The architects who designed this building defined it as a creative city. Used for the television industry, these premises house not just offices but also other spaces like parks, squares and galleries. The formal and functional structure of the complex meets the needs of the site and allows for a flexible, homogeneous use.

NEW HEADQUARTERS OF CHILEAN NATIONAL TELEVISION

Gubbins Arquitectos

Santiago, Chile
18,000 m² / 193,750 square feet

s architectes qui ont conçu ce bâtiment
nt défini comme une cité créative. Destiné
'industrie télévisuelle, il ne comprend pas
iquement des bureaux, mais aussi
autres espaces tels que des parcs, des
aces et des galeries. La structure formelle
fonctionnelle du complexe répond aux
soins du site et permet un usage à la
s souple et homogène.

De architecten van dit gebouw
definieerden het als een creatieve stad.
In dit complex, dat wordt gebruikt door
de televisie-industrie, worden niet alleen
kantoren ondergebracht maar ook andere
ruimten, zoals parken, pleinen en galerijen.
De vormentaal en functionele structuur
van het complex voldoen aan de vereisten
van de omgeving en laten een flexibel en
homogeen gebruik toe.

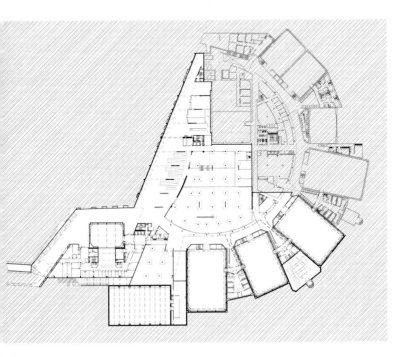

e plan

Die geschwungene Struktur des Gebäudes wird
in manchen Stellen durch konvexe Fassaden und
eine riesige Höhe betont. Für die Verkleidung
kamen hauptsächlich Stein, Beton und
Aluminium zum Einsatz.

La structure courbe du bâtiment est parfois
soulignée par des façades convexes et de très
grandes hauteurs. Les principaux matériaux
utilisés pour le revêtement sont la pierre, le
béton et l'aluminium.

The curved structure of the building is accentuated
in certain places with convex façades and huge
heights. The main materials used for the cladding
were stone, concrete and aluminium.

De gebogen vorm van het gebouw wordt op
bepaalde plaatsen benadrukt door bolronde
gevels en enorme hoogten. De belangrijkste
materialen die gebruikt werden voor de
bekleding, zijn steen, beton en aluminium.

Dieses Gebäude ist das erste internationale Messezentrum in Shanghai. Es befindet sich an einem strategischen und privilegierten Standort. Die Architekten schufen einen Entwurf mit einer höchst urbanen Persönlichkeit. Die minutiös konzipierte Anordnung im Inneren basierte auf einer effizienten und funktionalen Vision des Ausstellungsbereichs.

This building is the first international exhibition centre in the city of Shanghai. Located in a strategic, privileged site, the architects developed a design with a markedly urban personality. The painstakingly organised internal layout was based on an efficient and functional vision of the exhibition space.

SHANGHAI INTERNATIONAL EXPO CENTER

Murphy/Jahn

Shanghai, China
300,000 m² / 3,229,173 square feet

Ce bâtiment, situé sur un site particulièrement stratégique, est le premier centre d'expositions international de Shanghai. Les architectes ont élaboré un plan à forte personnalité urbaine. La conception intérieure parfaitement organisée repose sur une vision efficace et fonctionnelle de l'espace d'exposition.

Dit gebouw is het eerste internationale tentoonstellingscentrum in Sjanghai. Het gebouw is gelegen in een strategisch gelegen duurdere buurt, waar de architecten een ontwerp ontwikkelden met een uitgesproken stedelijke persoonlijkheid. De zorgvuldig georganiseerde interne lay-out is gebaseerd op een efficiënte en functionele visie op de tentoonstellingsruimte.

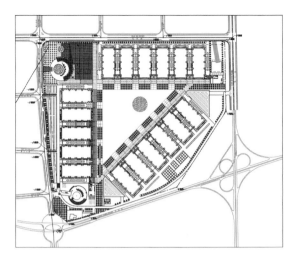

Site plan

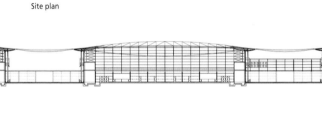

Elevations

Die 72 Meter hohen, verkreuzten Balken bilden das alleinige Tragwerk des darüber liegenden Daches. Dieses besteht aus sanften Wellen und charakterisiert den Ausstellungskomplex.

The 72-metre high crisscrossing beams serve as the sole structure, with the roof supported above it. The roof is made of gentle undulations and characterises and identifies the exhibition complex.

L'entrecroisement de poutres de 72 mètres de haut constitue la seule structure du bâtiment dont il porte le toit. Les douces ondulations de ce dernier donnent au complexe son caractère et son identité.

De 72-meter hoge kriskras verlopende balken vormen de enige structuur, samen met het dak dat erop steunt. Het dak is zacht gegolfd en kenmerkt en identificeert het tentoonstellingscomplex.

Ziel dieses Projekts war die Schaffung einer Weinkellerei mit mehreren Bereichen, in denen die verschiedenen Phasen der Produktion von Bio-Wein zu sehen sein sollten. Das erste der beiden Gebäude beheimatet den Empfangshof und den Keller mit den Weinfässern. Die zweite Phase der Weinproduktion, die Abfüllung, erfolgt im unteren Geschoss. Die Büros und Labors befinden sich seitlich.

The main idea behind this design was to create a winery with several spaces that would sequence the different phases in the production of organic wine. The first of the two buildings into which the winery is divided houses the reception courtyard and the cask cellar. The second stage in wine production, the bottling, takes place on the lower level. The offices and laboratories are located on the sides.

BODEGAS VIÑA CHOCALÁN

Marianne Balze Ressler

n Antonio Valley, Chile
944 m² / 63,980 square feet

dée principale de ce projet était de créer
s installations vinicoles dont les différents
paces représenteraient les différentes
ases de production de vin biologique.
premier des deux bâtiments abrite la cour
réception et la cave. La seconde étape de
production, la mise en bouteilles, a lieu au
veau inférieur. Les bureaux et laboratoires
nt placés sur les côtés.

Het idee achter dit ontwerp was een
wijnhuis te creëren met diverse ruimten
die de opeenvolgende productiefasen van
organische wijn zouden weerspiegelen.
In de eerste van de twee gebouwen
bevinden zich de ontvangstruimte en de
vatenkelder. De tweede fase, het bottelen,
vindt plaats op het benedenniveau.
De kantoren en laboratoria zijn aan de
zijkanten ondergebracht.

Longitudinal section

Coss section

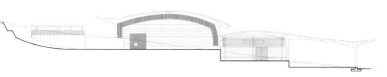

Elevation

s architektonische Design wird durch eine
vorragende Landschaftsgestaltung abgerundet.
e Weinkellerei wird von Weinstöcken umgeben,
von den Hügeln und Terrassen hierher
pflanzt wurden.

The architectural design of these premises
were rounded off with excellent landscaping.
The winery is surrounded by plantations of vines
transplanted from the hills and terraces.

conception architecturale de l'ensemble
parfaitement complétée par un excellent
énagement paysager. La cave est entourée
vignobles transplantés des collines et
rasses environnantes.

Het bouwkundig ontwerp van dit complex
werd afgerond met een excellente
landschapsarchitectuur. Het wijnhuis is omringd
door wijngaarden met wijnstokken die van de
heuvels en terrassen werden overgeplant.

Innen wurde mit Holz- und Kiefervertäfelungen eine gemütliche Atmosphäre geschaffen. In einigen Bereichen, etwa dem Ausstellungsraum mit den Weinfässern, wird diese durch eine gedämpfte Beleuchtung verstärkt.

To cover the inside, wood and pine panelling were used to create warm atmospheres. In some spaces, like the cask exhibition hall, this effect is enhanced by dim lighting.

L'intérieur est recouvert de panneaux de pin et d'autres essences qui créent une atmosphère chaleureuse. Dans certains espaces, comme la salle d'exposition des fûts, l'effet est renforcé par un éclairage discret.

De bekleding binnen bestaat uit hout en vurenhouten panelen voor een warme sfeer. In sommige ruimten, zoals de hal waar de vaten worden tentoongesteld, wordt dit effect versterkt door de zachte verlichting.

Eine eingehende Untersuchung des Terrains, der Lage, des Klimas und des Grundwasserspiegels beeinflusste die konzeptive und formale Gestaltung dieses Projekts mit einer zeitgenössischen, nachhaltigen Architektur. Die geschwungenen Linien des Gebäudes fügen sich in das natürliche Umfeld ein und harmonieren mit der unmittelbaren Umgebung und der Geografie des Standorts.

A detailed study of the terrain, the physical setting, the climate and the water table level determined the conceptual and formal underpinnings of this project featuring contemporary, sustainable architecture. The undulating lines of the buildings merge with nature and are in harmony with the immediate surroundings and the geography of the site.

CRISTALERÍAS CHILE S.A.

Guillermo Hevia H.

Llay-Llay, Chile
27,500 m² / 296,008 square feet

Une étude détaillée du terrain, des conditions physiques, du climat et du niveau de la nappe phréatique a constitué la base conceptuelle et formelle sur laquelle repose ce projet d'architecture contemporaine durable. Les ondulations des bâtiments se fondent dans la nature et sont en harmonie avec les environs immédiats et la géographie du site.

Een gedetailleerde studie van het terrein, de fysieke omgeving, het klimaat en het grondwaterniveau bepaalden de conceptuele en vormelijke grondslag van dit project, dat wordt gekenmerkt door een hedendaagse, duurzame architectuur. De golvende lijnen van de gebouwen vloeien over in de natuur en harmoniëren met de onmiddellijke omgeving en de omliggende geografie.

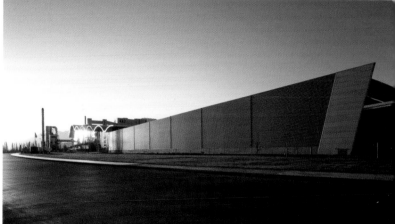

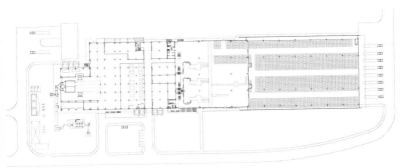

Upper level plan

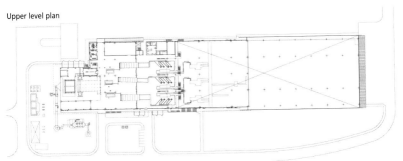

Floor plan

Aufgrund der Größe der Einrichtungen wurde eine zeitgenössische Architektur vorgeschlagen, die sich in die Umgebung einfügt. Bei Nacht sorgt die transparente Fassade für einen hübschen Anblick des Komplexes.

En raison de la taille de l'ensemble, le projet d'architecture contemporaine proposé devait s'intégrer au décor. La nuit, la transparence des façades rend le complexe particulièrement esthétique.

Contemporary architecture that would fit in with the setting was proposed due to the size of the facilities. At night, the transparency of the façade provides an attractive view of the complex.

Omwille van de omvang van de faciliteiten werd een modern bouwkundig ontwerp voorgesteld dat in de omgeving zou passen. 's Nachts verleent de transparante gevel een aantrekkelijke dimensie aan het complex.

Die Struktur des Hauptgebäudes bietet weniger Windwiderstand und löst das Problem der unterschiedlichen Innenhöhen. Dies ermöglicht eine bessere Luftzirkulation und eine natürliche Belüftung durch den Wind.

The structure of the main building offers less wind resistance and overcomes the different internal heights, allowing a higher volume of air and a natural wind ventilation system.

La structure du bâtiment principal offre une résistance réduite au vent et exploite les différences de hauteur intérieure pour créer un plus grand volume d'air et un système de ventilation naturelle.

Het hoofdgebouw biedt minder weerstand aan de wind en vormt een oplossing voor de verschillende interne hoogteniveaus, waardoor een groter luchtvolume en een natuurlijk ventilatiesysteem mogelijk worden.

Diese Feuerwehrzentrale befindet sich an einer strategischen Stelle in Santiago, gegenüber den Hügeln im Norden und den Anden. Das Bauwerk ist in unterschiedliche Bereiche unterteilt und enthält nicht nur die Feuerwehrzentrale, sondern auch ein öffentlich zugängliches Restaurant. Von außen sieht das Gebäude wie eine weiße Betonstruktur aus, die über einem Glasprisma schwebt.

This fire station is located in a strategic point in the city of Santiago, facing the hills to the north and the Andes mountain range. Organised into different areas, it includes not just the station but also a restaurant open to the public. From the street, the building looks like a white concrete volume suspended over a floating glass prism.

18TH CHAPTER OF FIREFIGHTERS

Gonzalo Mardones

Santiago, Chile
2,020 m² / 21,743 square feet

Cette caserne de pompiers est située à un endroit stratégique de Santiago, face aux collines du Nord et aux montagnes des Andes. Structurée en différentes zones, elle comprend la caserne proprement dite, mais aussi un restaurant ouvert au public. Vu de la rue, le bâtiment ressemble à un volume de béton blanc suspendu au-dessus d'un prisme de verre flottant.

Deze brandweerkazerne bevindt zich op een strategisch punt in Santiago, tegenover de heuvels in het noorden en het Andesgebergte. Het gebouw is verdeeld in verscheidene ruimten en is niet enkel een brandweerpost maar ook een restaurant dat open is voor het publiek. Vanaf de straat lijkt het gebouw een wit cementen volume dat boven een zwevend glazen prisma hangt.

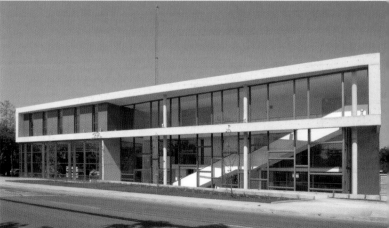

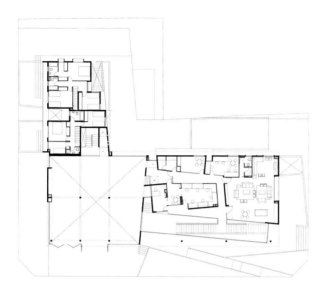

Floor plan

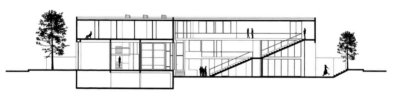

Section

Dank der großen Fenster der Glasfassade wurde das Gebäude zu einem Anziehungspunkt in der Straße und sorgte für eine Wiederbelebung dieser Gegend, in der zahlreiche kulturelle Veranstaltungen stattfinden.

Thanks to the large display window of the glass façade, the building has become a focal point on the street and has regenerated the nearby area, where many cultural events are held.

Avec les immenses vitrines de sa façade vitrée, le bâtiment est devenu un point de mire et a remis en valeur le quartier avoisinant où ont lieu de nombreuses manifestations culturelles.

Dankzij het grote uitstalraam van de glazen gevel is het gebouw het middelpunt van de straat geworden en heeft het culturele leven in de buurt nieuw leven ingeblazen.

Dieses Projekt entstand in einem besonderen
Stadtteil von Santiago, in dem sich wichtige
Einrichtungen und Gebäude, wie etwa das
öffentliche Gefängnis und der Cousiño Park
befinden. Der Komplex mit mehreren
unterschiedlichen Gebäuden ist rund um
einen großen Platz angeordnet, von dem
aus das Zentrum zugänglich ist.

Located in a part of Santiago with unusu
characteristics and associated with key
areas and buildings like the public prison
and the Cousiño Park, this design entaile
a major urban commitment. The complex
which includes several different buildings
is arranged around a large square that
offers access to the centre.

SANTIAGO JUSTICE CENTRE

Cristián Boza D. y José Macchi R. Arquitectos
Asociados, VSV Arquitectos & Asociados

Santiago, Chile
43,151 m² / 464,474 square feet

Situé dans un quartier de Santiago
inhabituel pour de telles réalisations et
associé à des ensembles et bâtiments
essentiels tels que la prison ou le parc
Cousiño, ce projet a nécessité un
engagement important de la municipalité.
Le complexe comprend plusieurs bâtiments
et entoure une vaste place qui donne
accès au Centre.

Dit project, dat is gelegen in een
ongewone buurt van Santiago en
voornamelijk bekend is vanwege bepaalde
belangrijke zones en gebouwen, zoals
de openbare gevangenis en het Cousiño
Park, bracht een grotere stedelijke
betrokkenheid met zich mee. Het complex,
dat bestaat uit verschillende gebouwen, is
rond een groot plein geschaard dat
toegang tot het centrum verschaft.

Ein System aus Innenhöfen verbessert die natürliche Belüftung des Gebäudes. Im Winter sammelt eine auf dem Dach installierte Vorrichtung die Wärme und leitet diese in die anderen Bereiche.

A system of inner courtyards enhances the building's natural ventilation. In winter, a device installed on the roof gathers and spreads heat to the rest of the space.

Un réseau de cours intérieures contribue à la ventilation naturelle des bâtiments. En hiver, un système installé sur les toits récupère et diffuse la chaleur à l'ensemble du complexe.

Een systeem van binnenpleinen vergroot de natuurlijke ventilatie van het complex. In de winter wordt de warmte door een installatie op het dak verzameld en dan over de rest van de ruimte verspreid.

Dieses Gebäude, in dem die Interessen der Beschäftigten der Metallindustrie vertreten werden, steht am Stadtrand von Antón, wo sich zeitgenössische Bauwerke neben klassischen Gebäuden befinden. Trotz der eindeutig funktionalen Anforderungen des Projekts gelang den Architekten eine Struktur, die auch durch ihre Ästhetik besticht.

This building, devoted to managing and defending the interests of professionals in the metal industry is located on the outskirts of the Antón neighbourhood, where contemporary features mingle with classical buildings. Despite the project's clearly functional needs, the architects managed to design a structure that also stands out aesthetically.

FREMM

Vicente Martínez Gadea

Murcia, Spain
12,000 m² / 129,167 square feet

Ce bâtiment, occupé par les organismes de défense des intérêts professionnels de l'industrie métallurgique, est situé en périphérie du quartier Antón où l'architecture contemporaine se mêle aux constructions classiques. Malgré les besoins fonctionnels parfaitement définis du projet, les architectes sont parvenus à créer une structure originale sur le plan esthétique.

Dit gebouw, dat is gewijd aan de behartiging van de belangen van de arbeiders in de metaalindustrie, is gevestigd in de buitenwijken van de wijk Antón, waar eigentijdse elementen met klassieke gebouwen gemengd voorkomen. Ondanks de duidelijke functionele vereisten van het gebouw is de architect er toch in geslaagd een structuur te ontwerpen die ook esthetisch verantwoord is.

Die Hauptfassade ist mit Glas verkleidet. Davor wurde eine Struktur aus Stahl und Aluminium angebracht, um übermäßige Hitze zu vermeiden und das Sonnenlicht zu filtern.

The main façade is covered in glass. In front of it a structure made of steel and aluminium mesh was added to mitigate the excessive heat and filter the sunlight.

La façade principale est couverte de verre qui a été lui-même recouvert d'une structure d'acier et d'aluminium pour modérer la chaleur trop intense et filtrer les rayons du soleil.

De hoofdgevel is met glas bekleed. Voor deze gevel werd een in staal en aluminium uitgevoerde constructie geplaatst met als doel de extreme hitte te temperen en het zonlicht te filteren.

253

DIRECTORY